FUSHUI DICENG DITIE DUNGOU SUIDAO SHIGONG GUANJIAN JISHU FENXI

富水地层地铁盾构隧道施工关键技术分析

詹 涛　陈梦成　著

华中科技大学出版社
http://press.hust.edu.cn
中国·武汉

内容简介

　　本书首先阐明了土压平衡盾构施工原理，归纳了土压平衡盾构施工引起地表变形的因素，论述了土压平衡盾构施工引起地表变形的预测方法，并讨论了各方法的适用性与优缺点，列举了土压平衡盾构施工引起地表变形的控制措施，指出了土压平衡盾构施工研究中的不足。其次，通过对地铁隧道盾构施工中土体和地表变形的相关问题进行整理、归纳和总结，渐进式地说明了地铁盾构施工中掘进面稳定性、土体变形规律、引起土体变形的因素、地表沉降机理及土体变形计算的研究进展，指出了目前地铁盾构施工地面土体变形研究的不足。最后，以南昌地铁3号线为实例，进行了复杂地层地铁盾构隧道管片收敛与沉降规律分析、盾构隧道微扰动施工相关参数分析、盾构隧道施工对周边环境扰动规律研究、盾构隧道开挖引起的地表沉降预测及开挖面稳定性分析。

　　本书适合从事土木工程、地铁盾构隧道施工方面工作和学习的科研工作者、在校学生和工程技术人员参考。

图书在版编目（CIP）数据

　　富水地层地铁盾构隧道施工关键技术分析 / 詹涛，陈梦成著. -- 武汉：华中科技大学出版社，2025. 5. -- ISBN 978-7-5772-1744-4

　　Ⅰ. U231.3

　　中国国家版本馆CIP数据核字第2025AL9219号

富水地层地铁盾构隧道施工关键技术分析　　　　詹涛　陈梦成　著
Fushui Diceng Ditie Dungou Suidao Shigong Guanjian Jishu Fenxi

出版发行：华中科技大学出版社（中国·武汉）	电话：（027）81321913
地　　址：武汉市东湖新技术开发区华工科技园	邮编：430223

责任编辑：叶向荣	版式设计：张　靖
责任校对：阮　敏	责任监印：朱　玢

印　　刷：武汉科源印刷设计有限公司
开　　本：710 mm×1000 mm　1/16
印　　张：10.5
字　　数：169千字
版　　次：2025年5月第1版　第1次印刷
定　　价：88.00元

前　言

　　由于城市地下工程地质和水文地质条件复杂，各种管线、地面道路和建筑物对其周边地层变形极为敏感。为避免地铁隧道塌方、冒顶、透水等灾害事故的发生，控制地铁开挖诱发地表沉降，以及降低地铁施工对周边环境的影响等，对地铁掘进施工质量与环境影响提出了更严格的技术要求。目前地铁建设过程中，盾构机是地铁隧道施工的关键设备，盾构施工的安全性、施工质量和施工进度直接决定了地铁建设的技术经济效益。在施工过程中，盾构机的运行状态影响着地铁的施工质量和进度，合理确定与优化盾构控制参数，实现科学管理是确保地铁安全施工、提高效率、树立形象、服务社会的重要手段。本书围绕地铁盾构施工的主要技术难题，开展盾构控制参数的研究，为设备操作人员、管理人员和高层决策人员提供实时的状态信息和优化的辅助控制策略，以实现对盾构机运行状态以及施工环境控制等信息的科学管理与科学决策，对于确保盾构机安全、高效运行，提高施工质量和施工进度具有重要意义。

　　本书第 1 章为绪论，分析了盾构施工地表变形的研究现状；第 2 章主要分析地铁盾构施工过程中盾构隧道管片收敛与沉降规律；第 3 章主要研究盾构隧道微扰动施工相关参数；第 4 章研究盾构隧道施工对周边环境扰动规律；第 5 章预测了开挖引起的地表沉降，并分析了开挖面稳定性。

　　本书由南昌轨道交通集团有限公司詹涛统筹研究，中铁十九局集团轨道交通工程有限公司于万有负责工程现场施工及检测，华东交通大学陈梦成负责理论分析及监测数据整理与分析，詹涛和陈梦成负责统稿。研究过程中得到了南昌轨道交通集团有限公司地铁项目管理分公司、中铁十九局集团轨道交通工程有限公司和华东交通大学相关人员与师生的大力支持，在此一并表示感谢。

　　由于作者水平有限，书中难免存在疏漏，恳请读者批评指正。

作者

2024 年 10 月

目　录

参考文献

第1章

绪　论

1.1 研究背景与意义

自 2000 年以来，我国城市轨道交通进入快速发展阶段，国家对地铁建设投资大，使得同时开工建设的线路多且建设速度较快。截至 2020 年末，全国（不含港、澳、台）共有 44 个城市开通运营城市轨道交通线路 233 条，运营里程达到 7545.5 km，预计未来十几年，我国将再次扩大城市地铁建设规模 [1]。

伴随地铁运营里程增加及施工环境逐渐复杂，越来越多的隧道开挖方法和施工技术被相继提出，土压平衡盾构施工因其可据土压变化调整盾构掘进参数、保持掌子面土压稳定平衡、控制地表沉降，被广泛应用于地铁建设中 [2]。尽管土压平衡盾构施工技术在几十年的发展中已建立较为完备的体系，但在隧道开挖过程中仍不可避免地存在产生土体扰动、引起土体变形、造成地表沉降等问题 [3]，土体变形达到一定值后，便影响地面交通及邻近建筑物安全。以上问题的存在使得建筑物密集区或复杂地质环境下的土压平衡盾构施工变形与控制问题愈发凸显，如何弱化土压平衡盾构施工对周围土体的扰动与周边建筑环境的影响，并对土压平衡盾构施工引起地表变形进行预测和控制成为亟待解决的问题 [4]。

同时，盾构施工针对不同类型的土层应采取不同的施工方案和措施。对于软土地层，因其地质条件和物理力学性质较为特殊，在该类地层盾构施工中面临的风险较高、施工难度较大 [5]。在盾构施工过程中，应从盾构施工特点、盾构机类型选择、施工地层特性等方面综合考虑，并确保施工质量及安全的整体可控性。对于粉质砂土地层，在盾构施工中会遇到地表沉降、土体滞后塌陷等工程问题 [3]，针对此类地层，在选择盾构机类型和盾构刀盘形式方面要考虑相应地层条件，采用合理的盾构施工参数，完善实际盾构操作过程。在其他复杂地层或软硬程度分布不均的地层盾构施工时，盾构掘进速度、刀盘扭矩、同步注浆压力、盾构掘进总推力等相关掘进参数变化次数多且变化范围上下限较大 [4]，在实际施工中，要细心观察、正确操控。因此，在实际施工时，应综合考虑地层情况、盾构施工特点合理选择盾构施工参数、盾壳掘进方法等。

1.2　国内外研究现状

本节以实际工程为例，从土压平衡盾构施工引起地表变形的原因，土压平衡盾构施工地表变形的预测、控制，以及城市地铁盾构施工地层变形机制方面进行概述。

1.2.1　土压平衡盾构施工引起地表变形的原因

如图 1.1 所示，在盾构推进过程中，前端刀盘切削开挖面前方土体至刀盘后方土舱内，进入土舱内的土体和辅料（泡沫、聚合物、膨润土等）相互混合，承压隔板作为介质，在千斤顶作用下使土舱内混合物产生舱内土压 F_2。在盾构掘进过程中，通过螺旋输送机控制出土量，保持舱内土压 F_2 与刀盘外土压 F_1 的动态平衡。在土压平衡盾构施工中，地表沉降影响因素大致分为隧道几何因素、土层地质条件和盾构掘进参数 [6]。

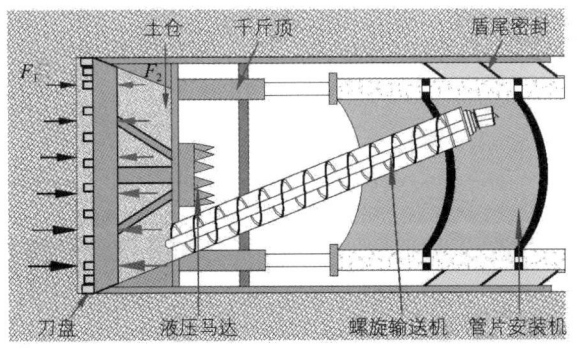

图 1.1　土压平衡盾构施工原理简图

1.隧道几何因素

地铁隧道施工常遇穿越建筑物、地下管线等状况，不同隧道埋深及外径等因素对地表沉降变形产生影响较大。赵旭伟等[7]发现隧道埋深和隧道间距对砂卵石地层隧道施工引起的地表沉降有显著影响；Wu等[8]发现随着隧道埋深的增大，地表沉降先稳定增大后逐步减小；Kim等[9]发现双线隧道的几何参数与地表沉降的Pearson相关分析系数值为0.44，表明几何参数对地表沉降的影响至关重要；邱明明等[10]发现双线平行盾构隧道地表沉降受隧道相对间距影响显著，建议重视该因素的影响。

2.土层地质条件

不同地铁隧道的地质条件不尽相同，而同一地铁隧道大多数建设在多层异质土体中，土层地质条件的差异是引起不同程度地表变形的原因之一[11]。丁春林等[12]发现地表沉降随地应力释放值的增大而增大，增大的趋势在开挖面周边围岩塑性区更明显；张顶立等[13]发现拱顶下沉值与地表变形呈线性关系；杨兵明[14]发现盾构隧道下卧层含水率影响施工后的地表沉降；董昕[15]发现盾构施工地层中的地下管线和地下构筑物对地表沉降存在一定影响，且管线及构筑物的埋深越浅，影响越明显。

3.盾构掘进参数

隧道几何因素和土层地质条件属于客观条件，在施工中不可变更，而盾构掘进参数属于主观条件，在施工中对地表沉降的影响可控。李曙光等[16]模拟了盾构开挖动态过程，发现注浆开始时间、注浆压力和注浆量在很大程度上影响地表变形；Comodromos等[17]发现隧道开挖过程中引起的地表变形与掌子面压力关联极大；雷华阳等[18]通过数值模拟证实了适当增大注浆压力、及时注浆及一定范围内增大注浆量都可以有效减少地表沉降；戴志成等[19]发现在一定范围内，土舱压力和注浆压力对地表变形有显著影响，但超过该范围，则影响效果不再明显。

土压平衡盾构施工是一个复杂的系统工程，地表沉降影响因素众多，各方面都具有较强的关联性。但在研究过程中，通过假设使参数理想化，难以反映实际工况，研究结果与实际情况有一定偏差。且研究对象多集中于盾构施工中地表变形的影响因素，对引起施工后地表滞后变形的原因还需进一步探究。

1.2.2　土压平衡盾构施工地表变形的预测

随着土压平衡盾构施工技术的广泛应用，国内外学者对施工过程中引起地表变形的预测方法进行了大量的研究，目前常用的有如下几种方法。

1.经验公式法

Peck[20] 首次提出"地层损失"的概念。通过分析大量隧道地表变形的实测数据，Peck 发现横向地表沉降槽近似呈正态高斯分布，在不排水的情况下，地层损失与隧道开挖形成的地表沉降槽在体积数值上是相等的。为此，Peck 建立了地表沉降的经验估算公式，即 Peck 公式，其表达式为：

$$S(x)=S_{\max}\exp\left(-\frac{x^2}{2i^2}\right) \tag{1-1}$$

$$S_{\max}=\frac{V_{\mathrm{i}}}{\sqrt{2\pi}i}\approx\frac{V_{\mathrm{i}}}{2.5i} \tag{1-2}$$

式中：$S(x)$ 为与隧道中心轴线距离为 x 处的地面沉降（mm）；$S_{\max}$ 为隧道中心轴线处地表沉降值（mm）；x 为与隧道中心轴线的距离（m）；i 为沉降槽宽度（m）；V_{i} 为单位长度地层损失量（$\mathrm{m^3/m}$）。

作为工程界最早提出的预测地表沉降的方法，Peck 公式因其使用简单、概念明确的特性至今仍被广泛应用于工程实例中。由式（1-1）、式（1-2）看出，沉降槽宽度 i 对预测结果的合理性起关键性的作用。因此，众多学者在 Peck 公式的基础上，围绕沉降槽宽度 i 展开了深入的研究。韩煊 [21] 将 i 的计算公式补充归纳为四类（24种）：$i=f(z_0,\varphi)$、$i/R=a(z_0/2R)^n$、$i=a(bz_0+cR)$、$i=az_0+b$，明确了沉降槽宽度的演变规律。魏纲 [22] 通过反分析 - 分析方法提出黏性土地区 i 值的拟合公式：

$$i=m[R+h\tan\left(45°-\frac{\varphi}{2}\right)]-0.0572 \tag{1-3}$$

其中，m 可取 0.45~0.50，平均值为 0.475。算例分析表明：m 较小的取值范围可减少经验参数较大的取值范围产生的误差。

此外，刘建航等[23] 基于"负地层损失"概念，提出了预测纵向地表变形的经验公式；侯学渊等[24] 通过对上海地区地表变形实测数据的归纳分析，提出了考虑土体扰动后固结沉降的 Peck 修正公式；周帅[25] 结合成都地铁 7 号线 9 个区间的地表监测数据，提出了适用于成都砂卵石地层的地表沉降预测经验公式。

经验公式的提出一般基于对现场实测数据的总结、分析和归纳，在使用中只需确定公式中固定的参数即可计算变形值，获得地表沉降槽曲线。该方法易懂、易用，但缺乏理论支撑，与工程实测数据存在较大依附关系，所以仅适用于特定的施工条件，且大多经验公式中参数较为单一，导致该方法在复杂地层条件中的计算结果与实测数值偏差较大。

2.理论解析法

理论解析法是基于弹性、弹塑性等理论推导出的计算公式，对于计算量小、边界条件较为简单的地表沉降计算有一定的优势。

Sagaseta[26] 在平面应变条件下，根据不可压缩土壤土体流失情况的闭合解和弹性各向同性均质体地层损失情况的应变解，提出了地表变形的理论计算方法；Verruijt 等[27] 对 Sagaseta 的方法进行拓展，求解的过程中忽略了隧道的存在及其规定的位移，推导了地面损失引起均匀径向位移和隧道的椭圆化两种情况下的隧道变形近似解析解；魏超等[28] 基于弹性力学 Mindlin 基本解，推导了关于刀盘摩擦力、盾尾同步注浆压力和土体损失等因素的地表变形解析式；施建勇等[29] 将地面下沉的三维问题转化为一维离散问题，推导出了地面沉降的半解析理论计算函数。

随着随机介质理论的发展与应用，部分学者将该理论与土压平衡盾构施工相结合，推导出的地表沉降计算公式同样具有一定的工程实用价值。朱忠隆等[30] 基于随机介质理论，结合实际数据，推导了土压平衡盾构隧道的纵向地表变形理论计算公式；施成华等 [31] 将地表下沉和地表隆起考虑为一种随机过程，结合随机介质理论推导了不考虑土体后期固结沉降的地表沉降计算公式。

理论解析法适用于边界条件和初始条件较为简单的问题，在量化研究地表变形各影响因素之间的关系方面具有一定的优势。在求解问题前，对问题本身进行理想化假设，如上述学者的研究中，多将三维地层问题假定为均匀、各向同性、轴对称的二维平面问题。因此，理论解析法模型通常比较简单，但因其考虑因素少，假设条件与施工现场实际情况相差甚远，所以仅具有理论参考意义，或作为其他方法（例如本节介绍的数值模拟法、模型试验法或人工智能法）的理论验证，很少直接应用于实际工程。

3.数值模拟法

数值模拟法依托计算机强大的计算能力，改善了工程人员难以求解复杂问题（参数多、数据量大）的窘境，显著提高了计算速度和计算结果的准确性 [32]。目前，该方法中有限差分法和有限单元法的应用较为广泛。

（1）有限差分法。

有限差分法求解软弱地层内土压平衡盾构施工造成的地表沉降具有较强的可行性。洪源 [33] 基于有限差分数值模拟分析了深圳某地铁不同施工阶段的地表变形，结果表明适当增大土舱压力、及时注浆均能有效减少地表变形；Chakeri 等 [34] 将土体假设为各向同性，具有与 Mohr-Coulomb 阻力准则相联系的完全弹塑性结构，并将衬砌假设为弹性结构，基于有限差分法模拟了隧道施工。

（2）有限单元法。

有限单元法是求解具有已知边界条件或初始条件的偏微分方程组的一种通用数值解法。Finno 等 [35] 建立二维平面模型，模拟了相应荷载下的盾头挤压、盾尾脱空、衬砌安装和衬砌固结四个阶段，研究结果表明，采用非均布荷载计算地表变形更为合理；李振等 [36] 基于有限元软件 PLAXIS 2D 建立复合地层沉降预测的数值计算模型，发现开挖隧道横向不均匀变形主要发生在隧道两侧 1.5 倍隧道直径范围内。

随着研究的深入，学者们发现 2D 平面应变有限元模型不能模拟复杂的三维几何形体及开挖过程等因素对地表沉降的影响，因此，建立三维隧道模型研究地表变形机制至关重要。刘洪洲等 [37] 基于三维有限单元法计算了盾构推进过程中影响地表沉降的多个因素与地表变形之间的关系，归纳了地表变形规律；Lin 等 [38] 考虑到隧道结构的对称性，利用 PLAXIS 3D 建立了半边区域的三维有限元模型，揭示了隧道施工中土拱区的三维应力应变传递机理；Zakhem 等 [39] 采用了一种新的混凝土模型建立三维有限元模型，解释了小变形下土壤刚度增加现象。

数值模拟法能有效地模拟盾构施工的实际过程，综合考虑影响地层变形的各种因素，但该方法要求研究人员具备一定的软件运用基础；模型的参数选择难以准确地反映实际情况，使用中也很难模拟地层因素及开挖因素，造成沉降预测值与实际情况有较大偏差。

4.模型试验法

由于土压平衡盾构施工现场条件复杂，影响地表沉降的参数难以准确掌握，部分学者开展了室内模型试验，易于控制相关参数，较好还原土压平衡盾构施工实际过程，有利于研究地表变形规律。

沈圣等 [40] 建立纵向隧道缩尺模型，提出了盾构隧道纵向变形分布监测策略，该策略可用于检测长期荷载作用下的实际隧道纵向变形；朱训国等 [41] 通过相似材料模型试验得到盾构施工地层移动规律，明确了先行隧道对地层产生的扰动使地表沉降叠加；Fang 等 [42-43] 建立了一个实验室规模的模型，通过对地表沉降的分析，得出富水卵石地层横向和纵向的地表沉降槽比黏土层或砂土层中的窄，引入与横向不同的纵向宽度系数，修正了施工期间预测地表沉降的方程，使修正方程的结果更符合实测数据；Hu 等 [44] 开展了一系列的砂土层模型试验，得到了土体损失对地表变形的影响，结果表明砂土中的土体损失与地表变形呈线性关系。

　　模型试验法用于研究地表变形，能够忽略施工过程中众多因素的影响，方便研究各个参数对地表变形的影响程度[45]。同时，在试验过程中能清楚地观察到地表变形的发生机理和发展过程，有利于掌握地表变形规律。但模型试验考虑的参数过于理想化，不能准确地模拟真实的地层条件，且模型试验的周期长、成本高，通过试验所得的信息也比较有限。

5.人工智能法

　　人工智能法源于神经元网络理论，是求解具有非线性特性的地表沉降变形的一种重要方法。该方法在使用前需结合大量土压平衡盾构施工地表变形实测数据，建立地表变形与各个影响因素之间的映射关系，通过使用训练好的神经网络映射对地表变形进行预测。在使用过程中，可不断通过新的数据训练神经网络，提高预测精度。

　　白永学[46]建立了 BP 神经网络预测模型，结果表明该预测模型经过训练后具有较好的泛化预测能力；牟友滔[47]基于遗传算法对 BP 神经网络进行优化，提高了神经网络的训练稳定性；郝如江等[48]建立了 DEACO-WNN（differential evolution ant colony optimization wavelet neural network，差分进化蚁群小波神经网络），提高了预测模型的收敛速度和预测精度；杨欢欢等[49]基于敏感性分析方法确定了影响土压平衡盾构施工地表变形的参数，通过正交试验获得了用于网络模型的训练样本和测试样本，从而建立了径向基函数神经网络模型。

　　人工智能法通过神经网络的优势，在建立影响因子和变形量之间的非线性关系时，无须获得各影响因子与变形量之间确切的物理关系，从而避免了建立复杂本构模型的过程，并且在使用过程中可通过不断地训练提高预测精度，是一条不同于传统数学建模的研究思路。但该方法需要使用者具有一定的编写代码的能力，并且该方法的关键在于建立一个储存大量参数的数据库，而计算精度又局限于数据库中的样本数量。因此，人工智能法作为主流趋势有必要进一步探究。

1.2.3　土压平衡盾构施工地表变形的控制

合理的变形预测是盾构施工顺利开展的前提,而对地层扰动和变形的有效控制是保证施工安全的关键。因此,在工程中实现从变形预测到变形控制的转变至关重要。

地表变形控制一直是盾构施工中一个亟待解决的重要问题。受盾构总推力、千斤顶顶力、推进速度、排土量和注浆参数等掘进参数影响,土舱压力的设定是一个动态过程,土压平衡实质是一种动态平衡,而现有技术较难保持其动态平衡。因此,国内外众多学者致力于盾构掘进参数的研究,实现更具有操作意义的土压平衡状态,以保证掘进面相对稳定,减小地表沉降。

胡长明等[50]针对西安地铁 2 号线某区间含细砂、中粗砂土层,使用质量比为 1∶10 的膨润土泥浆以 2∶10 的体积比加入渣土,进行了改良试验,结果表明:当土舱压力、出土量、注浆压力和注浆量分别控制在 140~260 kPa、54~56 m³、210~300 kPa、每环 4 m³ 时,土压平衡盾构能较好适应改良后的含砂土层。针对卵石含量 50%~75%,粒径以 20~80 mm 为主的砂卵石地层,冯欢欢等[51]认为将刀盘转速控制在 1.0~1.2 r/min 较为适合,刀盘扭矩控制在 3000~4600 kN·m 为宜。徐前卫等[52]通过对隧道平均埋深 16.90 m,成型隧道管片外径 6.0 m、内径 5.4 m 的北京地铁 8 号线某区间进行检测,提出注浆压力与拱顶竖向土压力之比保持在 1.5 以上,注浆压力控制在 2.43 bar(1 bar=0.1 MPa)较为安全。杨旸等[53]研究了富水圆砾地层(粒径以 2~20 mm 为主,最大粒径 63 mm,粒间填充以中砂、粗砂为主)中不同盾构掘进参数对地表变形的影响,结果表明:圆砾地层盾构推力和土舱压力应分别控制在 12000 kN 和 1 bar 左右,且波动不宜过大。

现有研究中,对土压平衡盾构施工引起的地表变形控制,多局限于根据施工经验调整施工参数(通过对地表变形的实时监测,不断调整盾构施工参数),最终获得引起地表沉降较小的施工参数区间值。这类控制方法缺乏对工程状况的预测机制,且实际施工情况复杂多样,已有研究很难直接用于其他同类地层。此外,现有研究对施工后的地表沉降控制关注过少，而事后处理耗费高、延误工期。因此，对施工后沉降控制方法应进一步深入研究。

1.2.4　城市地铁盾构施工中地层变形机制研究进展

本小节通过对地铁盾构施工中土体和地表变形的相关问题进行整理、归纳和总结，渐进式地说明了地铁盾构施工中掘进面稳定性、土体变形规律、引起土体变形的因素、地表沉降机理及土体变形计算等方面的研究进展，指出了目前地铁盾构施工地面土体变形研究的不足，并对地铁盾构施工中地层变形未来研究方向进行了展望。

1.盾构掘进面稳定性

在盾构推进过程中，保证盾构掘进面处于稳定状态极为重要。实时观测掘进面情况、合理控制掘进面支护压力是盾构施工中的关键技术之一，要保证开挖面支护压力处于一个合理的范围内，否则会产生不同类型、不同程度的危害。若盾构掘进面支护压力过大，可能诱发地表产生隆起变形；若开挖面支护压力不足，可能诱发地表塌陷[54]。目前，在实际盾构施工中，盾构掘进面稳定性常通过压力舱预先施加支护压力的方式满足要求。盾构机开挖面的稳定性由盾构压力数据表征，正常情况下盾构压力数据会在某个区间内同向波动，否则表明开挖面有失稳风险[55-56]。已有研究关于盾构掘进面稳定性的分析方法主要有理论解析法[57]、数值模拟法[56, 58]、模型试验法[59]等。

Broms 等[60]最早对黏土在不排水开挖方式下施工展开研究，并给出了在该条件下开挖面稳定性相关系数的计算；Leca 等[61]在研究盾构开挖面稳定性问题时对土体做出一些假设，针对该类问题提出了开挖面锥体机动场模型，并推导了符合该条件土体的盾构掘进面支护压力的上下限；Tang 等[62]根据已有的研究经验，对三维锥体破坏模型进行改造，进而对成层土中盾构掘进面稳定性问题展开研究；Zhang等[63]、Han 等[64]将三维多锥体破坏机制进一步改进，基于上限分析法对黏土地层盾构施工掘进面破坏进行研究；陈铮等[65]采用截锥体和对数螺旋线模型对超前支护下的隧道稳定性进行研究，基于综合强度折减法推导了隧道稳定性系数计算方法；杨峰等[66]采用上限有限元方法，应用程序系统研究了非均质黏土地层，论证了该方法适用于此类地层开挖稳定性的研究；Mollon等[67-68]研究了浅埋隧道盾构施工掌子面的破坏机理，利用空间离散和极限分析方法分析了极限支护压力；Lu等[69]基于极限分析方法，将盾构施工中极限支护压力分为3个方面来考虑，并对各自影响系数进行分析。

盾构施工处于静止状态时，保证隧道盾构掘进面处于稳定状态的最小支护压力是模型试验研究的基础之一。Chambon等[70]利用离心模型试验法对砂土地层盾构掘进面稳定性问题进行模型试验研究，并与已有研究结果进行对比；Idinger等[71]提出在盾构施工中土体失稳区域存在剪切带形状破坏模式，试验结论与Kirsch试验相吻合；Chen等[72]对干砂层盾构掘进面稳定性开展了大量的试验研究，试验结果表明隧道埋深与直径的相对尺寸对失稳区破坏高度影响较大；马忠武等[73]对透明土盾构掘进面稳定性开展试验研究，得出了盾构掘进面土体的破坏模式及破坏面的延伸情况；Liu等[74]采用模型试验法对掘进过程中土颗粒进行研究，为后续研究构建螺旋线提供一定的理论依据；李勇军等[75]对盾构开挖面失稳机理和压力数据特点进行研究，在Hilbert-Huang变换理论的基础上，构建了基于多维盾构压力数据的盾构掘进稳定性表征算法；吴奔等[76]将二维对数螺旋线机动模型进行离散，基于上限分析法对盾构掘进面展开分析，论证了该方法的有效性。

可见，目前对盾构施工掘进面的研究相对较完善，在研究盾构掘进面失稳时考虑的因素也较全面，但盾构掘进面稳定性的相关计算过程普遍冗杂；综合前人研究过程和方法可以看出，在盾构掘进面稳定性的研究方面，模型试验法较理论解析法更能反映真实情况，但由于试验本身极为复杂且成本较高，所以在工程应用中有较多限制。

2. 土体变形规律

盾构隧道可分为单线隧道和双线隧道，对于单线隧道盾构施工变形[77]，国内外学者已开展大量的研究，而双线隧道盾构施工中的影响因素较多，且各因素相互作用机制复杂，故双线隧道和单线隧道盾构施工中引起的地层变形存在较大差异。针对两种形式盾构隧道施工中不同土体及各地层变形规律相关问题，我国学者开展了大量的试验分析与研究。

张云等[78]引入"等代层"的概念，并通过试验证明等代层厚度对地表变形影响较大，地表变形量与等代层厚度呈正比关系，在盾构施工推进过程中，要重点关注受扰动土体的稳定性和超挖问题；魏纲等[79]基于弹性力学 Mindlin 基本解对软土隧道盾构施工进行研究，并结合实例分析得出正面附加推力对地面变形的影响及盾构开挖面的变形形态；孙玉永等[80]以工程实例为背景，基于数值模拟方法对盾构施工中地层位移展开研究，建立了计算土体沉降的修正 Peck 公式；邱明明[81]采用数值模拟的方法以南昌地铁工程实例为背景展开研究，分析了盾构施工中横向和纵向变形规律，并给出了盾构施工中地表变形最大的发生位置；梁荣柱等[82]基于弹性力学 Mindlin 基本解对盾构施工中地表变形及深层土体水平位移进行研究，结果表明在盾构施工作用下盾构刀盘前方土体会呈现接近正态分布曲线的隆起变形，盾构施工时深层土体会因盾构施工受到挤压作用而出现远离隧道轴线的变形趋势；潘茜[83]基于土体不排水假定，对正常盾构施工条件下因盾壳及盾构刀盘推力产生的土体变形展开研究，并给出了计算公式，计算所得土体变形呈现先隆起、后沉降的趋势，在刀盘到达处呈中心对称分布，引起的土体变形影响范围主要由土体深度、隧道埋深决定；孙会良等[84]以南宁地铁 1 号线为研究对象结合 Peck 公式进行分析，结果表明，盾构施工中，地层条件和盾构速率是诱发地表沉降变形的主要因素，盾构掘进参数、掌子面稳定性及周边环境影响为次要因素；杨龙等[85]对武汉地区盾构施工地面沉降展开研究，结果表明，盾构施工中软土所占比例越大，地面沉降量越大，减小隧道断面与软土相交面积能有效降低地面沉降，且采用洞内注浆加固的方式能显著改善地面沉降问题，但当注浆范围增加到一定比例时，对地面沉降的改善效果会呈现减小趋势。

综上所述，地层条件是造成地层变形的根本因素。在盾构施工中，最大沉降发生在隧道轴线处，地表变形呈抛物线形，由隧道轴线向两侧依次递减；单线隧道掘进和双线隧道掘进均表现为地层深度越深，整体沉降量越大，但沉降槽的影响范围减小。

3.引起土体变形的因素

地层变形是引发地面沉降的直接原因，实际盾构施工过程中影响地层变形的因素存在于多个方面并贯穿整个施工过程，例如地层损失、隧道埋深、盾构机选型等，且各方面因素共同作用、相互影响，对各因素深入研究可以更有效地控制盾构施工过程中产生的土体变形。盾构施工中各地层土体难免会受到扰动，正常土体原有的平衡状态被打破进而造成地层土体变形[86]。实际盾构推进过程受力极为复杂，对已有研究进行总结可以发现盾构法施工中引起地层移动的因素主要有以下几点：①开挖面土体的移动；②盾构施工中盾构后退；③土体挤入盾尾空隙；④盾构推进方向发生改变、盾构推进线路为曲线；⑤盾构施工中盾壳与盾构掘进面周围土体之间产生的摩擦作用；⑥土体受扰动后的固结作用；⑦盾构机正面障碍物会随推进过程产生移动，在盾构通过后盾构机正面与盾构掘进面之间产生一定的建筑空隙；⑧盾构掘进面的衬砌在水、土压力的作用下会产生小变形。盾构施工中引起地层变形的因素众多且存在于各个阶段，在其众多影响因素中正面附加推力产生的"挤土效应"、盾壳与周围土体之间的摩擦力作用、盾构通过后产生的施工空隙引起的土体损失，是引起地面变形的三个主要因素，在计算地层变形时要综合考虑这三个主要因素对地层变形的影响，图1.2为盾构施工力学简化模型。

何小林等[87]根据盾构施工性质特点和影响机制，将地面沉降的影响因素分为内

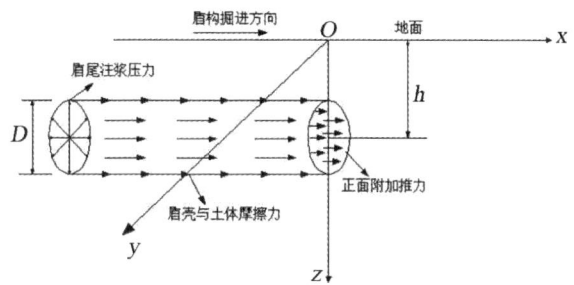

图 1.2　盾构施工力学简化模型

因和外因，总的来说可以归纳为以下几点：①地质条件的影响；②土体性质的影响；③覆土厚度和盾构外径的影响；④地下水位变化的影响；⑤盾构施工姿态调整的影响；⑥注浆的影响；⑦管片变形的影响；⑧受扰动土体变形的影响。林存刚等[88]研究表明，除了以上因素，隧道中可能出现的渗水、涌水、携带泥沙等现象也会引起地层损失，进而导致地表变形。在盾构施工中诱发地表沉降的因素包括多个方面，在实际盾构施工过程中需要综合考虑各个因素对地表沉降的贡献，其中盾构隧道施工线路设计的合理性和施工方式选择的正确性是控制地面沉降的关键。

　　潘茁[83]从地层损失、地层原始应力状态的改变、衬砌变形三个方面对土体变形展开分析。

（1）地层损失。

Peck[20]在研究过程中假设土体处于不排水条件下，提出了隧道施工中地层损失的体积与开挖过程中形成的地表沉降槽的体积保持相等的理论。张云等[78]指出在盾构施工过程中造成地面沉降的主要因素是地层损失，盾构施工过程中因盾构施工特点、施工方法产生的各种建筑空隙是造成地层损失的主要因素，发生地层损失后，周围土体将会发生移动，表现为地层损失处周围土体发生变形，且变形最终延伸至地表。在引起地层损失的诸多因素中盾体空隙、盾尾空隙及正面障碍物的影响是主要方面。黄正荣等[56]的研究表明对于土压平衡盾构来说，土的开挖量要与盾构出土量保持动态平衡，若出土量过大，开挖面土体的支护压力将会不足，从而导致开挖面土体产生移动，严重时甚至会造成坍塌事故，这也是诱发土体产生地层损失的原因。图1.3为采用等效圆柱方法对土体损失进行模拟，并假定土体损失沿隧道轴线均匀分布时的土体损失示意图。

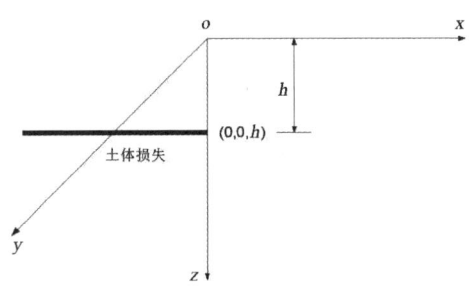

图1.3 土体损失示意图

（2）地层原始应力状态的改变。

洪开荣等[89]指出盾构刀盘对土体的作用力要在一个合适的范围内，过大会对前方土体产生挤压作用，过小前方土体会产生松动，而盾构周围的土体经过反复加载和卸载，会产生原始应力的改变；盾壳在掘进过程中与周围土体接触，会产生一定的剪切摩擦作用，从而对周围土体造成一定程度的扰动，使原始应力状态发生改变；盾尾的同步注浆也会对土体产生影响，当同步注浆量过大时，将会对周围土体产生压力，从而造成原始应力状态发生变化。

（3）衬砌变形。

盾构施工过程中盾构管片衬砌脱出盾尾后，盾构开挖面在周围水、土压力的共同作用下会发生一定的变形，进而造成土体变形，陈峥等[65]研究表明一般情况下管片衬砌的变形不大，在总地层变形中占比较小。

综上所述，盾构施工中引起地层变形的原因较多，在施工中各层土体都不可避免地会受到扰动，进而产生一定的变形；除了地层变形，还有一些建筑空隙等。引起地层变形的诸多因素并不是独立作用的，因此，在了解各个因素对地层变形影响的同时，还需要对多种因素共同作用下造成的地层变形进行研究。此外，还应确定各影响因素引起地层变形的程度，从而可在实际施工过程中有选择地控制各个因素。

4.地表沉降机理

在盾构施工中，由盾构施工特点可知地层移动的产生是不可避免的，地层移动会进一步引起地表沉降，土体的地层损失和次固结沉降是产生地表变形的主要原因。土体的地层损失已详细介绍，此处不再赘述。土体的固结沉降分为主固结沉降和次固结沉降。主固结沉降是指土体在荷载作用下，空隙中的水因受到压力被排出，进而体积缩小变得密实，进一步造成竖向位移沉降，又称为压缩沉降。对于砂性土来说，这个过程的产生和完成在施工期结束基本能完成；而对于黏性土来说，这个过程要延续数年或更长时间，其中主固结沉降是黏性土产生地基沉降的主要组成部分，其完成时间主要与土的自身性质有关，如土的渗透性和压缩性。次固结沉降是指土体在荷载作用下经过长时间缓慢蠕变产生的位移，又称为蠕变沉降。

盾构施工中产生的空隙是造成地层损失的重要因素之一，潘茁[83]将土压平衡盾构施工的空隙分为三类，分别为土体开挖与开挖面支护、盾构推进与盾壳摩擦、盾体空隙与盾尾空隙。盾构施工中产生的建筑空隙是造成地层变形、地表沉降的主要因素之一，因此采取合理的施工方法减小建筑空隙可以有效地减小地层变形量。

高少强[90]根据测量面和测量位置的相对位置关系将盾构隧道施工引起的地表沉降分为五个阶段。

（1）初期沉降。

盾构隧道施工推进过程中土体因受到挤压作用而变得密实产生的沉降称为初始沉降。该阶段孔隙水压力呈现逐渐减小趋势，进而导致土体有效应力增加，孔隙比减小，土体产生固结。

（2）盾构工作面前方的沉降。

盾构工作面处施加的土压力要在合理的范围内，土压力过大则土体产生隆起，土的压力过小则土体产生沉降。该阶段孔隙水压力和土体中的总应力均呈现增加趋势，土体受到压缩作用体积变小，产生塑性变形。

（3）盾构通过时的沉降。

盾构施工过程中盾壳通过时各层土体将不可避免地受到扰动，盾壳与土体间发生剪切错动，导致出土量较多。该阶段土体应力得到释放，土体产生弹塑性变形。

（4）盾尾空隙沉降。

当盾壳通过后土体失去支撑时，若管片背后注浆不及时会产生盾尾空隙，进而造成沉降。该阶段土体应力同样处于释放状态，土体产生塑性变形。

（5）土体次固结沉降。

土体的次固结沉降主要指土体后续的时效变形，土体产生蠕变压缩。

综上所述，地层损失和施工中受扰动土体的再次固结将会使地层移动，从而造成地层变形，产生地表沉降，所以在盾构施工过程中减小地表沉降的根本方法是尽可能减小地层变形。地表沉降的发生贯穿盾构施工整个过程，在不同阶段引起地层沉降的因素也有所差异，在实际盾构施工过程中需要根据不同阶段的施工特点和地层条件采取相应的措施以减少地表沉降量。

5.土体变形计算

大量学者对盾构施工中土体变形进行了计算，将预测隧道施工引起地层变形的主要方法总结如下。

（1）经验公式法[91]及半解析半经验法[92]。

这种方法相对较简单，计算过程中需要的参数少且使用较方便，因此被学者广泛采用。该方法的缺点是计算过程中相关参数的物理力学意义不够明确，与实际情况存在不符，未能如实反映施工过程中各因素引起的地层位移变化规律。

（2）解析理论法[93-96]。

这种方法是基于弹性力学建立的，该方法中相关公式的推导较为严格，虽然在预测施工产生的地层位移方面较为准确，但未能反映施工过程中土体变形规律。

（3）随机介质理论[97-99]。

虽然这种方法经改进后可以预测盾构施工过程中产生的地层变形[100]，但需要针对具体情况编写专门的计算程序，且计算过程较为复杂，计算参数不易确定，所以这种方法很少被采用。

（4）有限元法[101-102]。

这种方法在预测盾构施工引起的土体沉降时较为准确，并且可以将盾构施工中选取不同施工参数时对地层变形的影响考虑在内。

（5）室内模型试验法[103]。

这种方法包括室内 1g 模型试验法和超重力离心试验法两部分，但因其花费巨大且模型制作相当复杂，所以难以被采用。

目前，寻求一种经济、简单、使用方便且能够真实有效预测地铁隧道施工过程中产生的地层位移的方法极为重要，近年来也有多位学者在预测盾构施工引起的地层位移时将 Mindlin 基本解[104] 应用到其中。魏纲等[105] 在 Mindlin 基本解的基础上推导了盾构施工过程中地层变形的计算公式，并将盾构施工过程中盾构正面附加推力、盾壳与土体之间的摩擦力及土体损失考虑在内，最后归纳整理各地层变形公式得到总的地面变形计算公式，该方法的不足之处是没有考虑刀盘扭矩及注浆压力对盾构施工地层变形的影响。唐晓武等[106] 除了考虑以上三种因素，还进一步研究了盾构施工中刀盘扭矩引起的地层位移，分析结果表明刀盘扭矩引起的地层位移较小，在实际计算中可以忽略。林存刚等[88] 在前人的研究基础上，进一步分析计算了注浆压力对盾构施工中地层位移的影响，研究结果表明注浆压力引起的地层位移不能忽略，若注浆压力过大可能产生地表隆起现象。梁荣柱等[82]指出大多数学者在采用Mindlin基本解对盾构施工引起的地层位移进行计算时，为了简化计算过程，在施工参数选取方面做了一些与实际情况不符的假设。因此，梁荣柱等基于盾构施工的实际情况和施工特点，对盾构施工中各地层之间产生的相互力学作用展开研究，在Mindlin基本解的基础上，综合考虑了因盾构施工特点和土层性质引起的地层变形，包括盾构施工中产生的正面附加压力、地层的不均匀分布、地层之间的摩擦力及盾构通过后背面的同步注浆压力，并将盾构施工过程中因土体损失产生的地层变形考虑在内，推导了隧道盾构施工过程中地面竖向沉降及深层土体水平变形量的计算公式。

潘茁[83]根据引起土体变形的因素，推导得到了总的地层位移变形公式，包括正常施工条件下盾构推力引起的土体变形公式；对于盾壳摩擦力引起的地层变形，引入了三种计算模型，且三种计算模型的土体变形规律基本一致；在研究过程中将同步注浆压力分解为竖向分量与水平分量分别考虑，可以发现同步注浆压力竖向分量主要引起土体的隆起变形，水平分量主要造成土体沉降变形，且竖向分量对土体变形产生的影响更大；在推导地层损失引起的土体变形计算公式中将土体泊松比和土体非等量径向移动考虑在内，将实测数据与计算结果进行对比发现两者吻合较好；通过分析发现盾构推力、同步注浆压力水平分量引起的土体变形相对较小。

综上所述，目前关于盾构施工中不同地层条件下地表沉降、土体变形等相关研究颇多，但大多学者为了简化计算作出了一些假设，且有些假设与盾构施工实际情况存在出入，隧道盾构掘进是一个三维问题，但在计算过程中想要模拟隧道掘进三维效应相当困难。因此，为准确计算或预测盾构施工引起的地层变形还需进一步探究。另外，引起地层变形的因素较多，在计算地层变形时要综合考虑多种因素对地层变形的贡献。

1.3　研 究 内 容

本书首先阐明了土压平衡盾构施工原理，归纳了土压平衡盾构施工引起地表变形的因素，论述了土压平衡盾构施工引起地表变形的预测方法，并讨论了各方法的适用性与优缺点，列举了土压平衡盾构施工引起地表变形的控制措施，指出了土压平衡盾构施工研究中的不足。

其次，通过对地铁盾构施工中土体和地表变形的相关问题进行整理、归纳和总结，渐进式地说明了地铁盾构施工中掘进面稳定性、土体变形规律、引起土体变形的因素、地表沉降机理及土体变形计算等方面的研究进展，指出了目前地铁盾构施工地面土体变形研究的不足。

最后，以南昌地铁 3 号线为实例，分析了城市地铁建设对周边土层及环境的影响，具体内容如下：

①复杂地层地铁盾构隧道管片收敛与沉降规律分析；

②盾构隧道微扰动施工相关参数分析；

③盾构隧道施工对周边环境扰动规律研究；

④盾构隧道开挖引起的地表沉降预测及开挖面稳定性分析。

第2章

复杂地层地铁盾构隧道管片收敛与沉降规律分析

随着社会经济和城市化建设的快速发展，城市交通需求日益增长，而城市地铁的修建在极大程度上缓解了城市交通的压力。在地铁修建中，盾构法优势明显，其具有施工环境友好、机械化程度高、噪声小、隧道成型好等优点，已经成为隧道施工的主流工法，然而盾构机掘进过程中也极易遇到复杂地层、不良地质条件等情况。

富水复杂地层的地下水位高、含水量大、强度低，且地层敏感、降水沉降大，盾构穿越该类土层容易造成地基沉降，增加施工难度[107]。地铁盾构施工虽然具有综合性强、掘进速度快、对环境影响时间短、机械化程度高等优点，但在盾构法施工过程中不可避免地会引起隧道周围土层扰动，造成隧道周围地层变形和周边建筑物失稳等。为了实时监控盾构施工过程中周围环境变化情况和工程安全，应在不同地段布置不同类型的断面监测点进行施工现场监测。其中隧道管片的变形监测是重要环节，管片既是隧道的支护结构也是隧道的主体结构，监测管片结构竖向沉降变形与净空收敛变形，对隧道施工期和运行期的质量安全进行正确评估至关重要[108-110]。本书对南昌地铁 3 号线某盾构区间施工现场监测数据进行了分析，介绍了在富水复杂地层盾构施工掘进过程中，隧道管片收敛和拱顶、拱底沉降变形产生的原因及其对盾构施工的不利影响，并对管片变形监测数据进行综合处理与分析，对施工安全做出预测，对工程质量安全进行正确评估，为工程的顺利推进提供安全保障。

地铁隧道施工引起的地面塌陷事故时有发生[111]。造成地面塌陷的原因主要有地层变形、围岩失稳、不良地质体以及地下管线施工等，尤其是地层中的不良地质体，如空洞、水囊等[112-113]，大大增加了隧道施工的风险[114]。现有关于隧道施工扰动下地层空洞问题的研究不够全面，往往仅考虑单空洞对地层的影响，很少涉及含单空洞和多空洞影响的地表沉降变形规律研究。为此，本书依托南昌地铁 3 号线某区间工程，基于 ABAQUS 软件建立复杂地层含单空洞和多空洞影响的三维隧道模型，采用现场实测数据进行对比验证，进而研究地铁隧道施工扰动下不同空洞类型对地表沉降的影响规律，旨在为含空洞地层隧道施工提供参考。

2.1　工程概况

南昌地铁 3 号线某盾构区间位于青山湖区，区间呈西东走向，区间线路下穿青山湖，侧穿连接新老城区的交通主干道以及国威路北侧密集建筑物群。其中左、右区间线长分别为 1889.6 m 和 1893.2 m，左右线间距 14 m。盾构区间结构采用钢筋混凝土通用管片拼装，管片材料由 C50 P10 钢筋混凝土浇筑而成，管片内径为 5.4 m，外径为 6.0 m，管片厚度为 0.30 m，管片宽度为 1.2 m。区间沿线建筑物和管线较多，隧道纵坡呈 V 形，隧道顶覆土厚度为 11.06~22.24 m。盾构隧道穿越地层主要为：1- 粉质黏土、2- 砾砂、3- 强风化泥质粉砂岩（软岩）、4- 中风化泥质粉砂岩（硬岩）。盾构进出洞部位岩土均为砾砂层，联络通道开挖范围内的地层主要为中风化泥质粉砂岩层。地层围岩等级主要为 Ⅲ 级，综合等级为 Ⅵ 级，如图 2.1 所示。

区间隧道下穿青山湖施工，其水域面积 10 km²。根据水文地质勘察，地下水类型主要为上层滞水、松散岩类孔隙水和红色碎屑岩类裂隙水，地下水主要接受赣江侧向及降雨补给，水位及富水性随气候变化较大，造成地下含水量大。由于该工程在富水复杂地质条件下施工，技术要求高、施工环境风险控制难度大，为保证施工安全，应对隧道管片收敛和拱顶、拱底沉降变形进行严密的施工现场监测。

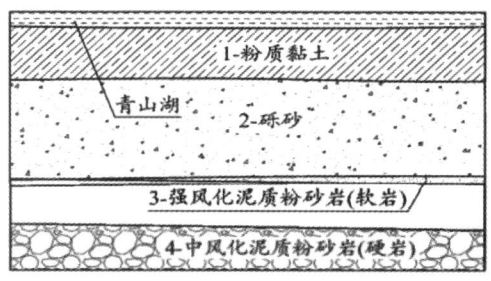

图 2.1　南昌地铁 3 号线某盾构区间工程地质纵断面

2.2　富水复杂地层地铁盾构隧道管片收敛与沉降评估

2.2.1　管片变形监测

1.管片变形监测内容

地铁盾构隧道各管片采用拼装式衬砌、错缝拼装及斜直螺栓连接[115]，并且在盾构机盾壳的保护下，在盾尾拼装成环形隧道。管片拼装是盾构法施工的关键工序，直接影响隧道的结构安全和使用功能。因此，对隧道管片进行变形监测是盾构施工过程的安全保障[116]。

（1）监测方法。

管片变形监测主要监测盾构隧道成型环片的收敛和沉降情况，管片收敛监测采用高精度收敛计，管片拱顶、拱底沉降监测采用精密水准仪和钢尺。其中，利用高精度收敛计监测管片收敛时，为了保证监测值的精度，观测时需要独立观测3次，如果3次测量值的误差小于2 mm，取3次测量结果的平均值作为监测结果。

（2）测点布置原则。

隧道管片拱顶、拱底沉降及收敛监测点在同一断面，收敛监测点布置于管片两腰部，每5~10 m设一断面，每个断面设3个测点。拱顶、拱底沉降监测点分别布置于管片顶部和底部，每5~10 m设一断面，每个断面设1个测点，监测点布置见图2.2。

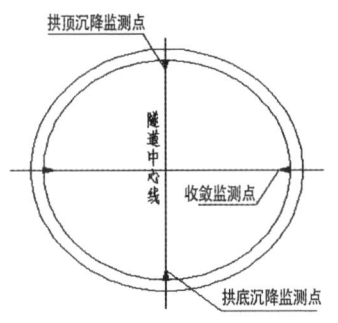

图2.2　隧道管片结构监测点布置

（3）相应措施。

隧道盾构施工过程中，地层处于应力变化状态，为防止因隧道管片变形而引起周围岩层过度变形和移动，应对管片的螺栓连接处进行三次紧固，即盾构机拼装管片时进行一次拧紧，盾构施工推出盾尾后进行二次拧紧，后续盾构掘进过程中对相邻 3 环范围内的管片进行全面检查并复紧。当管片变形监测值达到安全控制值时需要增加监测频率，必要时做好停工准备，并采取相应措施检查原因。

2.管片监测频率

隧道管片变形监测随施工需求开展跟踪服务，为确保实时获取全面信息，管片结构监测频率见表 2.1。

表2.1　管片结构监测频率

序号	监测项目	开挖面至监测断面的距离 L/m	监测频率
1	净空收敛	<20	1~2次/天
		<50	1次/2天
		>50	1次/周
2	拱顶、拱底沉降	<20	1~2次/天
		<50	1次/2天
		>50	1次/周

2.2.2　管片变形原因及状态判断

1.管片变形原因分析

隧道管片收敛变形是因为外部荷载的改变或水土流失等造成管片周围土层的应力场发生改变和应力重分布，引起管片结构净空收敛变形的增加。当沿线的周边高层建筑进行深大基坑开挖，以及在隧道上部进行大面积的堆积或邻近隧道进行基坑开挖作业时，隧道管片的受力平衡状态会被打破，导致盾构管片结构在净空收敛方向上发生水平向外侧发展或向内侧收缩的相对变形，若收敛变形量过大会引起管片周围土层的过度扰动，对施工产生不利影响[117]。

盾构机正常掘进的过程中，由于开挖直径大于管片的外径，存在环形间隙，管片拼装完毕脱离盾尾后，隧道顶部的土体塌落到管片结构上需要一个过程，若该间隙不能及时有效进行同步注浆填充，最终会导致隧道管片在竖直方向上发生成型环片上浮、下沉或隆起的刚性绝对变形，若管片沉降变形量过大会导致管片破损或错台，对施工质量及安全产生不利影响[118]。

2.管片变形状态判断

隧道管片施工监测过程中，当管片结构的内部净空尺寸在水平方向上发生了几何长度的变化时，则说明隧道管片发生了横向相对动态变形；当管片拱顶或拱底在垂直方向上发生了几何长度变化时，则说明管片在竖向发生了刚性绝对的沉降变形[119]。因此，为判断隧道管片变形类型，应对管片净空收敛变形和拱顶、拱底沉降变形进行整体分析，判断管片变形状态，见表2.2。

表2.2　隧道管片变形状态

序号	变形类型	变形值特征	变形状态
1	收敛变形	+	相对动态变形，上下压扁
2	收敛变形	−	相对动态变形，左右挤扁
3	收敛变形	0	无变形
4	拱顶沉降	+	绝对变形整体上移，左右挤扁
5	拱顶沉降	−	绝对变形整体下移，上下压扁
6	拱顶沉降	0	无变形
7	拱底沉降	+	绝对变形整体上移，底部隆起
8	拱底沉降	−	绝对变形整体下移，左右挤扁
9	拱底沉降	0	无变形

注：收敛变形值特征为"+"代表监测点水平向外侧扩展，变形值特征为"−"代表水平向内侧收缩；拱底、拱顶沉降变形值特征为"+"代表监测点垂直向上移，变形值特征为"−"代表垂直向下移。

2.2.3　隧道管片收敛变形数据分析

1.收敛值数据变化规律分析

地铁盾构隧道开挖后，隧道管片周边点的收敛位移是围岩和支护结构力学形态变化的直接反映，管片在盾构机的作用下拼装完成后，将收敛预埋件埋设于管片的拱腰位置，利用高精度收敛计观测典型监测断面上的管片收敛变形值，隧道管片收敛监测数据见表 2.3，并绘制管片收敛变形时空曲线（图 2.3），进而判断隧道管片的稳定性。

由表 2.3 及图 2.3 知，管片各个断面测量点的净空收敛累计变化量均有不同，大多数监测断面处的管片受周围土体挤压在净空方向上发生了水平向内侧收缩的收敛变形，少部分断面变形是水平向外侧扩展，其中累计变化量最大的点是 GGJ928，累计位移量为 2.41mm，但仍处在安全可控范围内。因此，该时空段虽然管片收敛变化曲线的个别监测值变化较大，但曲线整体的变化速率较平缓，变化量均未达到警戒值，表明管片收敛变形是可控的，并处于安全状态。当收敛变形值变化过大，超过了安全控制值时，应采取改善土体或围岩稳定性及加强支护等措施，以确保隧道管片收敛变形值在可控范围内，保障施工安全。

表2.3　南昌地铁3号线某盾构区间管片收敛监测数据

监测点号	累计位移量/mm	监测点号	累计位移量/mm	监测点号	累计位移量/mm
GGJ840	0.31	GGJ936	−0.74	GGJ1032	1.33
GGJ848	−0.08	GGJ944	−0.71	GGJ1040	−2.08
GGJ856	−0.85	GGJ952	−0.60	GGJ1048	−0.75
GGJ864	1.02	GGJ960	−1.22	GGJ1052	−0.50
GGJ872	−1.64	GGJ968	−1.92	GGJ1060	−1.10
GGJ880	0.89	GGJ976	0.21	GGJ1068	−0.41
GGJ888	−0.10	GGJ984	−0.17	GGJ1076	−1.31
GGJ896	−1.11	GGJ992	1.85	GGJ1084	0.14
GGJ904	−2.04	GGJ1000	−0.71	GGJ1092	0.98

续表

监测点号	累计位移量/mm	监测点号	累计位移量/mm	监测点号	累计位移量/mm
GGJ912	−1.87	GGJ1008	−0.42	GGJ1100	−0.54
GGJ920	−0.73	GGJ1016	−0.09	GGJ1108	0.95
GGJ928	2.41	GGJ1024	−1.71	GGJ1116	0.70
平均值					−0.35

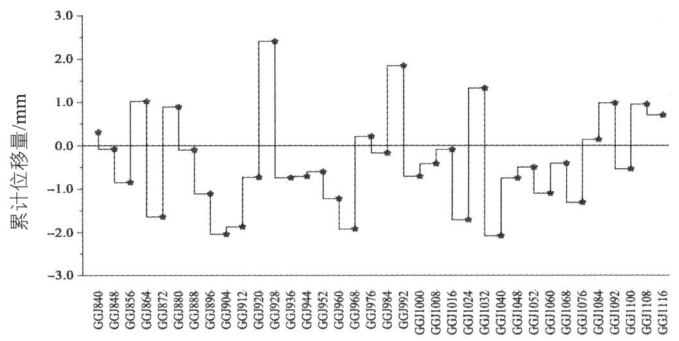

图 2.3　管片收敛变形时空曲线

2.工程收敛数据分布形态

在盾构施工现场监测期间，利用统计分析软件 SPSS 对表 2.3 中的工程数据进行正态性检验，从而判断收敛数据是否服从正态分布[120]，检验结果见表 2.4 及图 2.4。

表2.4　收敛监测值的SPSS正态性检验结果

Kolmogorov−Smirnov[a]			Shapiro−Wilk		
统计量	df	Sig.	统计量	df	Sig.
0.105	36	0.200	0.966	36	0.331

注：[a] Lilliefors 显著水平修正。

表 2.4 利用 Kolmogorov-Smirnov 和 Shapiro-Wilk 方法对数据进行检验，结果表明二者的显著性 Sig. 值均大于 0.05，说明监测的数据符合正态分布。图 2.4 为进行正态性检验的 P-P 图，它是根据实际变量的累计概率对应于理论分布概率绘制的散

点图。由图可知，大部分散点分布在对角线两侧，少部分散点稍有偏离，但各点近似为一条直线，说明检测数据服从正态分布。

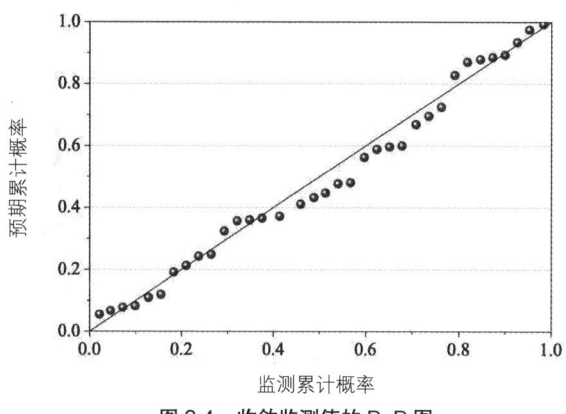

图 2.4　收敛监测值的 P-P 图

3.收敛数据偶然误差的检验

数据分析中，误差应服从偶然误差的对称性、有界性、集中性和抵偿性，否则认为数据含有某种系统误差或粗差。以概率统计理论分析表 2.3 中管片收敛监测数据，对偶然误差的特性进行检验，从而判断收敛数据属于偶然误差还是系统误差[121]。

（1）偶然误差特性的检验方法及检验公式。

①提出假设：写明原假设 H_0 的具体检验内容。

②确定检验统计量：根据假设内容，选取相应的统计量。

③确定 H_0 的拒绝域：在确定显著性水平 α（$0<\alpha<1$）的条件下，得出临界值对应的拒绝域。

误差正负号个数检验的拒绝域为：

$$|S_a - S_a'| > 2\sqrt{n} \tag{2-1}$$

正负误差分配顺序检验的拒绝域为：

$$|S_\theta - S_\theta'| > 2\sqrt{n-1} \tag{2-2}$$

误差数值和检验的拒绝域为：

$$| S | > 2\sqrt{nm} \qquad\qquad （2\text{-}3）$$

最大误差值检验的拒绝域为：

$$| S_i | > 2m \qquad\qquad （2\text{-}4）$$

④作出判断：若临界值满足拒绝域的范围，则拒绝 H_0，否则接受 H_0 通过检验。

（2）由统计理论计算得到收敛值的标准差估计值 $m=\pm1.10\,mm$，取显著性水平 $\alpha=0.0455$，对收敛监测数据进行以下误差特性检验。

①误差正负号个数的检验。

提出原假设 H_0：误差正负号个数相等。统计正误差个数 $S_a=11$，负误差个数 $S_a'=25$，则 $| S_a-S_a' | =14$，而临界值 $2\sqrt{n}=2\sqrt{36}=12$，即 $| S_a-S_a' | >2\sqrt{n}$，拒绝 H_0，不符合偶然误差的对称性。

②正负误差分配顺序的检验。

提出原假设 H_0：相邻两误差同号或异号交替个数相等。统计两相邻误差同号个数 $S_\theta=21$，两相邻误差异号个数 $S_\theta'=14$，则 $| S_\theta-S_\theta' | =7$，而临界值 $2\sqrt{n-1}=2\sqrt{35}=11.8\approx12$，即 $| S_\theta-S_\theta' | < 2\sqrt{n-1}$，接受原假设 H_0 通过检验。

③误差数值和的检验。

提出原假设 H_0：误差均值为零。统计全部监测值的总和 $| S | =12.61$，而临界值 $2\sqrt{nm}=2\sqrt{36}\times（\pm1.10）=\pm13.2$，即 $| S | < 2\sqrt{nm}$，接受原假设 H_0 通过检验。

④最大误差值的检验。

提出原假设 H_0：极限误差临界值为 $2m=\pm2.2\,mm$。在全部监测值中最大闭合差值为 $| S_i | =2.41\,mm$，则 $| S_i | >2m$，即 GGJ928 监测点处误差值异常，拒绝 H_0，不符合偶然误差的有界性。

通过上述误差特性检验可知，收敛值数据不满足偶然误差的对称性和有界性，出现两个拒绝项。其一，对误差正负号个数的检验，拒绝 H_0，说明绝对值相等的正负误差出现的概率不相同，认为这些变形值有系统性的倾向特征，因此在实际测量中，管片在净空水平方向上存在相对动态变形的系统误差。其二，个别收敛值的误差被拒绝，主要原因是受地质、注浆等复杂情况的影响，GGJ928 监测点上的管片周围土层应力场发生改变，在净空水平方向发生挤压变形。经概率理论分析可知，个别点位的较大变形属于偶然的异常现象，个别较大的误差有可能出现，故在数据处理的过程中不予舍弃，应与客观实际情况保持一致。

4.收敛数据综合分析

由管片收敛监测值处理结果可知，管片收敛变化曲线整体变化速率较平缓，大多数监测断面的管片在净空收敛方向上发生水平向内收缩的变形，累计变形量均低于安全控制值；通过正态性检验和误差特性检验，发现收敛值数据服从正态分布，且不符合偶然误差的特性，认为隧道管片在净空收敛方向上有一个系统性的倾向，存在偏移量为 0.35 mm 的水平向内收缩的相对动态变形。

2.2.4　隧道管片拱顶和拱底沉降数据分析

地铁盾构施工过程中，通过对隧道管片拱顶、拱底沉降进行监测，判断管片的稳定性，管片拼装完毕后，将预埋件埋设于管片拱顶、拱底的中部，利用精密水准仪和钢尺观测各监测点与附近基准点之间的相对高程差，从而获得各监测断面管片拱顶和拱底的沉降值数据。

1.管片拱顶沉降数据分析

（1）拱顶沉降变化规律分析。

管片拱顶沉降监测数据见表 2.5，根据表中数据绘制管片拱顶沉降变形时空曲线（图 2.5），并结合施工情况对监测数据进行分析。由图 2.5 可知，拱顶整体的累计沉降量变化速率波动较大，且在盾构施工过程中，绝大多数监测断面处的管片在竖直方向上发生了垂直向上的位移变形，产生上浮现象，少数断面处的管片拱顶发生正常的沉降下沉。上浮的主要原因是开挖直径大于管片外径，存在建筑间隙，而间隙会被填充大比重的同步注浆的浆液，浆液所产生的浮力大于管片本身的重力并且初凝时间过长。其中累计变化量最大的监测点是 GGC1000，累计位移量为 3.10 mm，但仍未达到警戒值。因此，管片拱顶沉降变化曲线的各个监测点的变形量均在可控范围内，并处于安全状态。

（2）管片拱顶沉降变形状态分析。

由表 2.5 及图 2.5 可知，拱顶沉降变化曲线整体变化速率波动较大，且大多数监测断面的管片拱顶出现一定的上浮现象，但各个监测点的累计变形量均未达到警戒值；通过对拱顶沉降值进行正态性检验和误差特性的检验可知，沉降值数据服从正态分布，不满足偶然误差的对称性、有界性和抵偿性，认为这些沉降值存在与观测次序有关的系统误差，并且管片拱顶在垂直方向上有一个系统性的倾向，存在偏移量为 0.64 mm 的整体向上移的刚性绝对变形。

表2.5　南昌地铁3号线某盾构区间隧道管片拱顶沉降监测数据

监测点号	累计位移量/mm	监测点号	累计位移量/mm	监测点号	累计位移量/mm
GGC840	−0.20	GGC936	−0.20	GGC1032	0.30
GGC848	1.00	GGC944	2.50	GGC1040	0.10
GGC856	1.80	GGC952	2.00	GGC1048	0.10
GGC864	−0.40	GGC960	1.80	GGC1052	−1.40
GGC872	2.10	GGC968	3.02	GGC1060	−0.20
GGC880	−0.80	GGC976	0.80	GGC1068	1.10
GGC888	0.20	GGC984	0.40	GGC1076	0.90
GGC896	1.60	GGC992	2.80	GGC1084	0.20
GGC904	−0.40	GGC1000	3.10	GGC1092	0.50
GGC912	−1.10	GGC1008	0.30	GGC1100	0.00
GGC920	1.00	GGC1016	1.60	GGC1108	−1.40
GGC928	0.60	GGC1024	0.40	GGC1116	−1.00
平均值					0.64

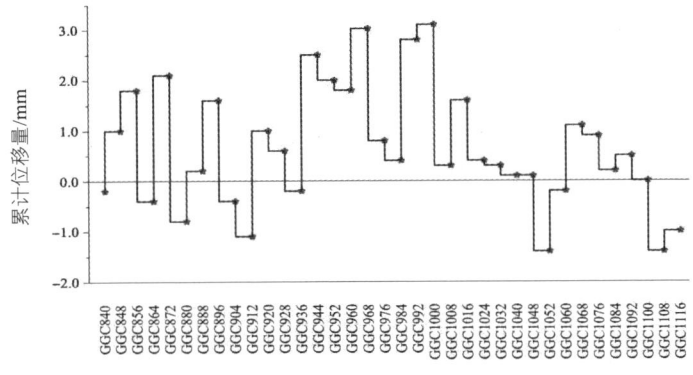

图2.5　管片拱顶沉降变形时空曲线

2.管片拱底沉降数据分析

（1）拱底沉降变化规律分析。

地铁盾构施工过程中，管片各监测断面的拱底沉降监测数据见表 2.6，根据表中数据绘制的拱底沉降变形时空曲线见图 2.6。由图 2.6 可知，除去因施工造成的个别监测点数据波动较大，拱底沉降变化曲线整体的变化速率比较平缓，大多数监测断面上的管片都处于正常沉降状态，只有少数断面在隧道管片底部发生了一定的隆起，如果隆起值过大可能会造成仰拱、道床开裂等。其中累计变化最大的点是 GDC864，累计位移量为 −3.96 mm，管片拱底隆起变化量最大的点是 GDC848，累计位移量为 2.39 mm，监测值均未达到警戒值，在可控范围内。因此，沉降变化曲线上的各个监测点的累计变形量均符合规范要求，均在安全范围内。

（2）管片拱底沉降变形状态分析。

由上述对管片拱底沉降值变化规律的分析可知，大多数监测断面的管片底部都处于正常沉降状态，各个监测点的累计变形量均在安全控制范围内；通过对拱底沉降值进行正态性检验和误差特性检验可知，沉降值服从正态分布，且不符合偶然误差的特性，并且管片拱底在垂直方向上有一个系统性的倾向，存在偏移量为 0.45 mm的整体向下移时的刚性绝对变形。

表2.6　南昌地铁3号线某盾构区间管片拱底沉降监测数据

监测点号	累计位移量/mm	监测点号	累计位移量/mm	监测点号	累计位移量/mm
GDC840	−2.58	GDC936	0.83	GDC1032	−1.89
GDC848	2.39	GDC944	−1.69	GDC1040	−1.99
GDC856	2.16	GDC952	−1.48	GDC1048	−0.19
GDC864	−3.96	GDC960	−1.41	GDC1052	−0.98
GDC872	0.76	GDC968	2.26	GDC1060	−1.44
GDC880	−0.06	GDC976	−1.44	GDC1068	0.55
GDC888	−0.06	GDC984	−2.02	GDC1076	−0.63
GDC896	−1.77	GDC992	0.53	GDC1084	0.96
GDC904	0.43	GDC1000	−3.21	GDC1092	−0.79
GDC912	−1.56	GDC1008	0.8	GDC1100	0.29
GDC920	0.21	GDC1016	1.48	GDC1108	−0.1
GDC928	1.03	GDC1024	−0.32	GDC1116	−1.35
平均值					−0.45

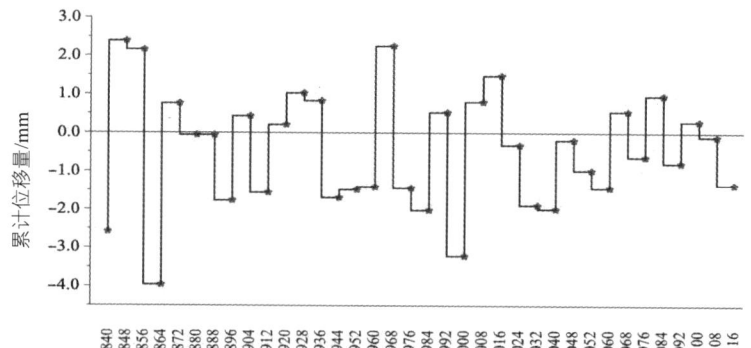

图2.6　管片拱底沉降变形时空曲线

3.工程的综合评估

通过对隧道管片收敛和拱顶、拱底沉降变形值的变化规律分析，可知盾构施工对管片产生变形的影响均在设计方案要求的可控范围内，并且各个典型监测断面上的累计变形量均未达到警戒值，这表明对管片进行变形监测能有效地预测与控制施工安全。通过对管片收敛和沉降值数据的统计分析及检验，并依据表 2.2 中的变形状态判断，可知本工程属于第 2、4、8 种情况的综合变形现象，经整体判断隧道管片的变形为：净空收敛方向上受周围土体挤压产生水平向内侧收缩 0.35 mm 的相对动态变形，并伴随拱顶垂直向上 0.64 mm、拱底垂直向下 0.45 mm 的刚性绝对变形。根据工程设计要求可知，隧道管片整体变形状态在安全控制范围内，该工程在南昌富水复杂地层盾构掘进过程中是安全的。

2.3　隧道施工扰动下含空洞复杂地层地表沉降规律分析

以南昌地铁 3 号线某区间工程为研究对象，该区间穿越地层较多，部分区段地下含水量丰富，地层变化较大。左、右线总长均为 820 m 左右，线间距为 14.0~17.0 m，轨面标高为 0.87~2.91 m，隧道拱顶埋深为 11.4~13.4 m。区间地貌类型属于赣江冲积平原区的二级阶地，自上而下涉及的土层主要为杂填土、粉质黏土、细砂、粗砂、砾砂、圆砾、泥质粉砂岩。隧道开挖区域主要为砾砂、圆砾层，局部为粗砂、细砂层，地层围岩等级主要为 Ⅲ 级，综合等级为 Ⅵ 级，如图 2.7 所示。根据盾构区间的实际工程情况，采用左线开挖隧道的实际工程地质参数，建立盾构开挖模型，对地层空洞影响下盾构掘进引起的地表沉降规律进行研究。

2.3.1　考虑空洞缺陷的三维仿真模型

1.计算假定

通过 ABAQUS 软件，在考虑复杂地层含单空洞和多空洞影响时，就隧道施工过程中不同空洞类型对地表沉降的影响规律进行数值模拟。计算模型基于如下假定：①围岩的初始应力场仅对土体结构进行地应力平衡；②忽略地下水流失造成的土壤固结；③隧道施工过程中采用理想的全断面开挖法。

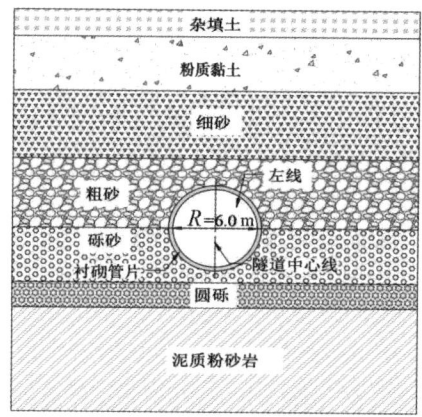

图 2.7　盾构区间工程地质纵断面

2.模型与材料基本参数

根据实际工程的开挖断面图，确定隧道模型的开挖尺寸。一般情况下，为减小边界效应对模型的影响，数值模型的最小尺寸应满足以下条件：模型纵向长度为 $(H+3D)$，模型半宽度为 $3H$，模型高度为 $(H+4D)$，其中 H 为隧道中心埋深，D 为隧道直径。根据工程尺寸，所建模型横向尺寸（x 轴）为 80 m，竖向尺寸（z 轴）为 40 m，隧道纵向开挖尺寸（y 轴）为 60 m，空洞中心位于纵向 30 m 的位置；隧道中心埋深为 13 m，隧道直径为 6.3 m，衬砌管片厚度为 0.3 m，注浆等代层厚度为 0.3 m，数值模型由土层、盾构机、衬砌管片、地层空洞及注浆等代层装配而成，含空洞地层隧道开挖模型横断面示意图如图 2.8 所示。

数值模型中土层、衬砌、注浆层、盾构机以及地层空洞均采用八结点线性六面体减缩积分单元 C3D8R。在盾构施工过程中，土层材料采用 Mohr-Coulomb 本构模型；衬砌、注浆层及盾构机采用各向同性弹性本构模型。衬砌管片采用 C50 P10 混凝土浇筑，管片与土体之间的盾尾空隙建立等代层来模拟同步注浆，短期硬化浆液弹性模量设置为 0.9 MPa，硬化浆液范围为盾尾第二环之后的管片，弹性模量设置为 10.8 MPa。对于地层空洞，采用"杀死"空洞位置处的网格单元模拟空洞的形成。

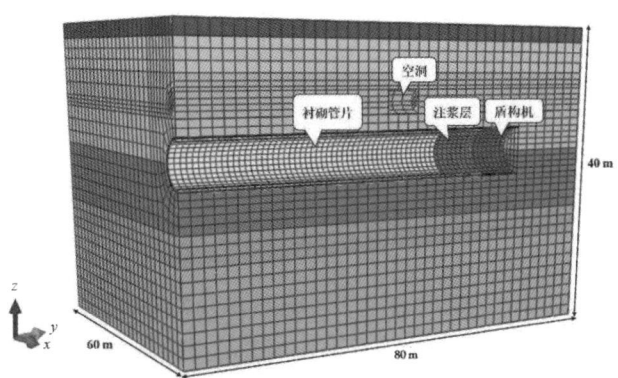

图 2.8　含空洞地层隧道开挖模型横断面示意图

　　为真实模拟盾构穿越含空洞地层施工引起的地层变形规律，在衬砌施工之前，为模拟开挖区土体的卸荷作用，将开挖区土体的弹性模量衰减 40% 来模拟应力释放效应[22]；考虑管片接头的影响，管片弹性模量折减为实际值的 80%[23]。具体的土体和支护结构力学参数见表 2.7。

表2.7　土体和支护结构力学参数

材料名称	厚度/m	弹性模量 E/MPa	泊松比/μ	重度 γ/（kN/m³）	黏聚力 c/kPa	内摩擦角 φ/（°）	承载力特征值/kPa
杂填土	2	14.6	0.32	18	5	10	80
粉质黏土	4	18	0.42	19.3	39.5	20	220
细砂	5	29	0.33	19.5	0	30	160
粗砂	5.15	32	0.35	19.9	0	32	300
砾砂	8	33	0.32	20.2	0	35	360
圆砾	3.85	35	0.3	20.5	0	38	380
中风化泥质粉砂岩	12	340	0.32	22.5	300	36	1600
衬砌管片	0.3	$3.45×10^4$	0.2	25	—	—	—
注浆等代层	0.3	0.9（软相）	0.34	23	—	—	—
		10（硬相）	0.2				
盾构机	0.3	$2.5×10^5$	0.3	80	—	—	—

Mohr-Coulomb 本构模型与 Drucker-Prager 本构模型的参数并不相等，在有限元三维分析模型中，模型参数有如下转换关系：

$$\tan \beta = \frac{6\sin\varphi}{3-\sin\varphi} \qquad (2\text{-}5)$$

$$k = \frac{3-\sin\varphi}{3+\sin\varphi} \qquad (2\text{-}6)$$

$$\sigma_c^0 = 2c \frac{\cos\varphi}{1-\sin\varphi} \qquad (2\text{-}7)$$

式中：β 为 Drucker-Prager 准则屈服面在 $p\text{-}t$ 应力空间上的倾角；c 为土体材料的黏聚力；φ 为土体材料的内摩擦角；σ_c^0 是单轴抗压强度；k 为三轴拉伸强度与三轴压缩强度之比。

3.边界条件及接触、模型荷载

（1）边界条件及接触。

数值模型左、右和前、后边界分别约束 x 轴和 y 轴方向的水平位移，下部边界约束 z 轴方向的竖向位移，上部边界为自由边界。土层、衬砌与注浆层之间采用 Tie 约束，将土层和衬砌作为主面，注浆等代层作为从面。

（2）模型荷载。

荷载主要考虑重力、注浆力以及掌子面支护力，本模型中，隧道开挖步以一个管片环长 1.5 m 进行开挖和支护，模型共 40 环。模型整体受到重力作用，重力加速度取 -9.8 m/s^2；采用径向均匀压力模拟注浆作用，注浆压力取 200 kPa；根据式 (2-8) 确定隧道轴线处的掌子面支护力沿竖向的变化梯度为 1.35×10^4 Pa/m。盾构掘进纵断面作用力示意图如图 2.9 所示。

$$\sigma_t = K_0\sigma_v + \sigma_w + \sigma_0 \qquad (2\text{-}8)$$

式中：σ_t 为隧道轴线处的水平土压力；$\sigma_v = \gamma h$，为隧道轴线处的竖向土压力，γ

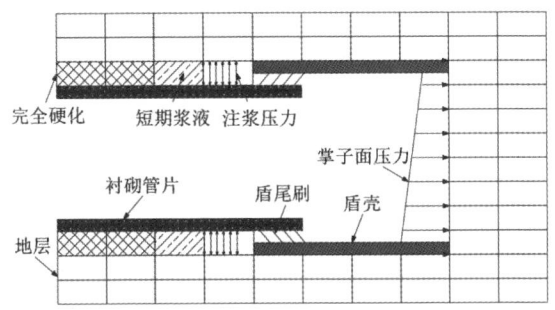

图 2.9　盾构掘进纵断面作用力示意图

为土层土体重度，h 为隧道轴线埋深；σ_w 为地下水压力，不考虑地下水时取值为 0；σ_0 为附加开挖面压力，常取值为 0；$K_0=\mu/（1-\mu）$，为开挖面前方土体的侧压力系数，μ 为土层的泊松比。

ABAQUS 软件相互作用模块里的"生死单元"功能可较好地实现隧道开挖过程的模拟。模型的开挖过程共设 45 个分析步：Initial 分析步、Geo 地应力平衡分析步、Geonull "杀死"空洞单元地应力二次平衡分析步、拼装管片及同步注浆 ex1~ex37 分析步（步长 1.5 m）、土体开挖结束后的管片拼装及同步注浆 ex38~ex42 分析步。盾构掘进过程分为三个阶段：第一阶段为 ex1 开挖步，开挖前四环土体并激活前四环盾壳，共 6 m；第二阶段为第 i 开挖步（$2 \leqslant i \leqslant 37$），"杀死"第 $i+3$ 开挖步对应土体并激活第 $i-1$ 开挖步所对应的管片和注浆、硬化第 $i-3$ 开挖步对应的注浆层，共 48 m；第三阶段为停推阶段，盾尾前移，逐步"杀死"盾尾的一环盾壳，并分步激活所对应的一环管片及注浆层，共 6 m。

4.模型验证

通过对所建立的三维仿真模型进行计算，得到地层无空洞条件下的初始地应力平衡如图 2.10 所示。根据土体的平均重度和模型的竖向高度进行计算，验证初始地应力平衡状态下模型的正确性。

由表 2.7 可知，土体的平均重度为 19.98 kN/m³，模型高度为 40 m，模型底部的

重力为 7.99×10^5 N。由图 2.10 可知，初始地应力平衡状态下所建立的模型计算结果是正确的。

模拟段隧道为左线开挖区域，长度为 60 m，每步开挖 1.5 m，图 2.11 为无空洞地层条件下盾构开挖实测数据与数值模型计算结果对比。图中所对应的实测值分别为盾构先行开挖 10 环之后，纵向开挖面 7.5 m 处的横向地表沉降值。

从图 2.11 可知，整个曲线符合正态分布，隧道正上方的地表沉降最大。最大沉降监测值 12.26 mm 与最大沉降模拟值 11 mm 比较吻合。可知模拟值与实测值在沉降的大小与分布规律上吻合良好，验证了模型的合理性。

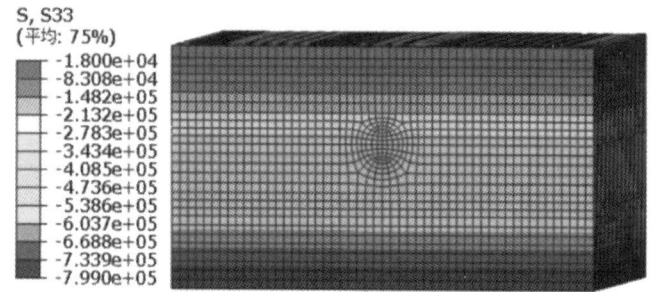

图 2.10　地层无空洞条件下的初始地应力平衡

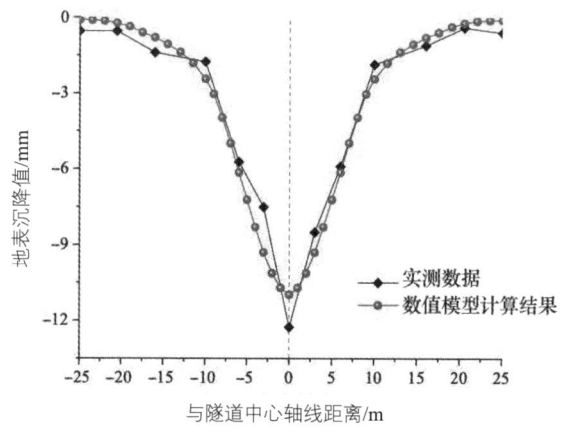

图 2.11　无空洞地层条件下盾构开挖实测数据与数值模型计算结果对比

2.3.2　计算结果及分析

1.单空洞下地表沉降规律分析

利用 ABAQUS 软件对三维隧道模型完成运算后，均取模型纵向 30 m 处断面的沉降曲线进行分析。针对复杂地层单空洞的不同空洞形态、空洞尺寸、洞隧净距以及空洞位置等因素，共分为 14 种工况进行计算（表 2.8）。

表2.8　单空洞下的数值仿真方案

工况	空洞形态	空洞尺寸D/m	洞隧净距L/m	空洞位置
1	无空洞	—	—	—
2	竖式椭球体	$x=y=3$，$z=4.5$	2	拱顶外侧
3	圆球体	$x=y=z=3$	2	拱顶外侧
4	卧式椭球体	$x=z=3$，$y=4.5$	2	拱顶外侧
5	卧式圆柱体	$x=z=3$，$y=4.5$	2	拱顶外侧
6	卧式圆柱体	$x=z=3$，$y=4.5$	1	斜上方45°
7	卧式圆柱体	$x=z=3$，$y=4.5$	2	斜上方45°
8	卧式圆柱体	$x=z=3$，$y=4.5$	3	斜上方45°
9	卧式圆柱体	$x=z=3$，$y=4.5$	4	斜上方45°
10	卧式圆柱体	$x=z=1$，$y=4.5$	2	斜上方45°
11	卧式圆柱体	$x=z=2$，$y=4.5$	2	斜上方45°
12	卧式圆柱体	$x=z=3$，$y=4.5$	2	拱腰外侧
13	卧式圆柱体	$x=z=3$，$y=4.5$	2	斜下方45°
14	卧式圆柱体	$x=z=3$，$y=4.5$	2	拱底外侧

（1）位移云图。

图 2.12 表现了单空洞影响下 6 种不同空洞类型的地层最终沉降云图，以 m 为单位。由图 2.12 可知，地层存在单空洞情况下，监测断面的最终沉降云图关于隧道轴线呈 W 形双谷状分布，且随着洞隧净距、空洞直径以及空洞位置的改变，地表沉降槽宽度变化显著，空洞位于隧道斜上方 45° 和拱腰外侧时变化明显。

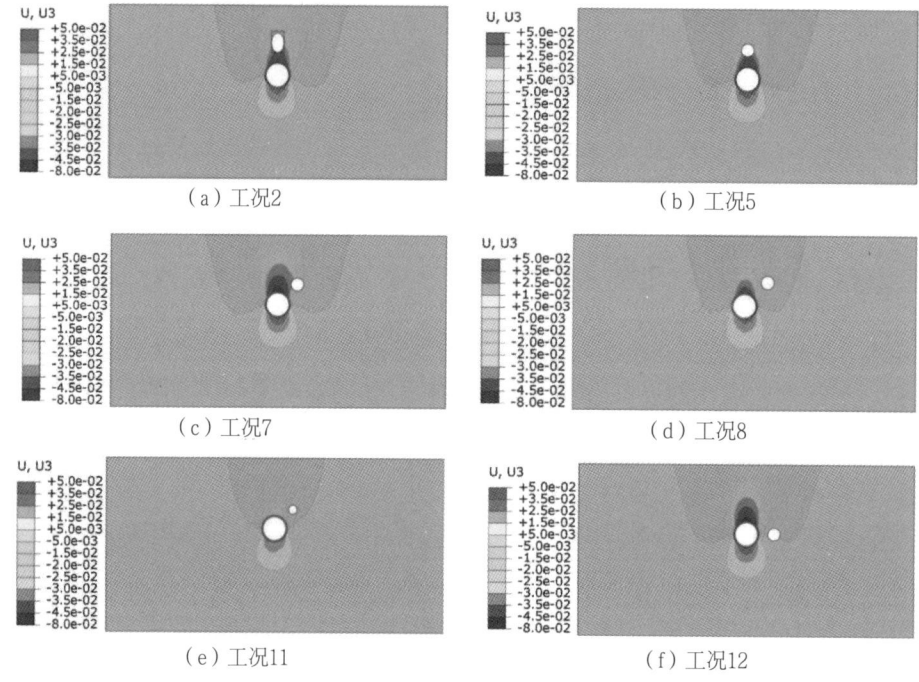

（a）工况2　　　　　　　　　　　　（b）工况5

（c）工况7　　　　　　　　　　　　（d）工况8

（e）工况11　　　　　　　　　　　（f）工况12

图 2.12　单空洞地层下不同空洞类型的最终沉降云图

（2）不同空洞形态下地表沉降规律。

由图 2.13 可知，无空洞时隧道正上方地表沉降最大，纵向 30 m 处地表最大沉降值为 9.01 mm，当与隧道中心轴线的距离超过 90% 隧道中心埋深（16.15 m）后，地表沉降值小于 0.75 mm，盾构隧道开挖的影响已不明显。

地层存在不同空洞形态时，地表最大沉降值均位于隧道轴线的正上方，其中竖式椭球体空洞的最大地表沉降值为 17.52 mm，相对于无空洞时增大 95%；圆球体空洞的最大地表沉降值为 16.81 mm，相对于无空洞时增大 87%；卧式圆柱体空洞的地表最大沉降值为 15.62 mm，相对于无空洞时增大 73%；卧式椭球体空洞的地表最大沉降值为 13.9 mm，相对于无空洞时增大 54%。可见，不同空洞形态对于地表沉降的影响差别不大，大体为卧式空洞相对于竖式空洞更有利，且在卧式空洞中柱形空洞引起的地表沉降增幅明显大于球形空洞。

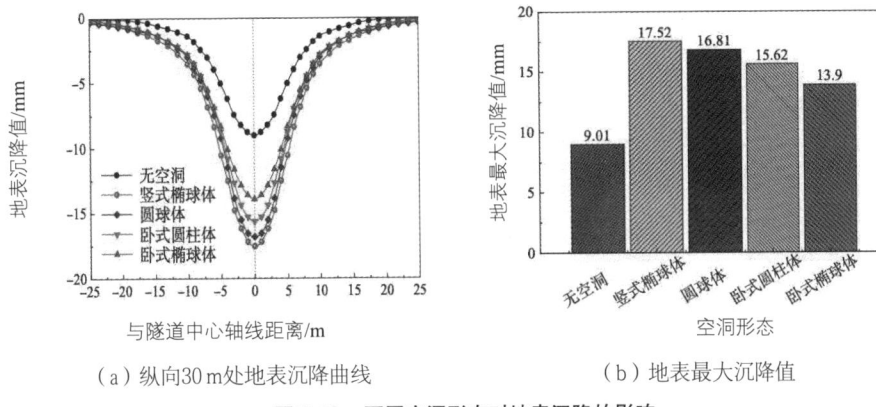

（a）纵向30 m处地表沉降曲线　　　　（b）地表最大沉降值

图 2.13　不同空洞形态对地表沉降的影响

（3）不同空洞尺寸及洞隧净距下地表沉降规律。

由图 2.14 可知，地层中空洞与隧道距离不同时，地表最大沉降处位于隧道与空洞之间，其中相比于无空洞，有空洞且洞隧净距为 4 m 和 3 m 时，最大沉降值分别为 12.1 mm 和 14.38 mm，地表沉降增幅不明显；洞隧净距为 2 m 和 1 m 时，最大沉降值分别为 20.73 mm 和 22.46 mm，地表沉降增幅显著。可知，随着洞隧净距的减小，空洞的距离效应明显增强，当洞隧净距小于 3 m 时，地表沉降明显增加，并且随着洞隧净距减小，地表沉降槽靠近隧道中心轴线，而随着洞隧净距增大，地表沉降槽与空洞中心轴线偏离明显。

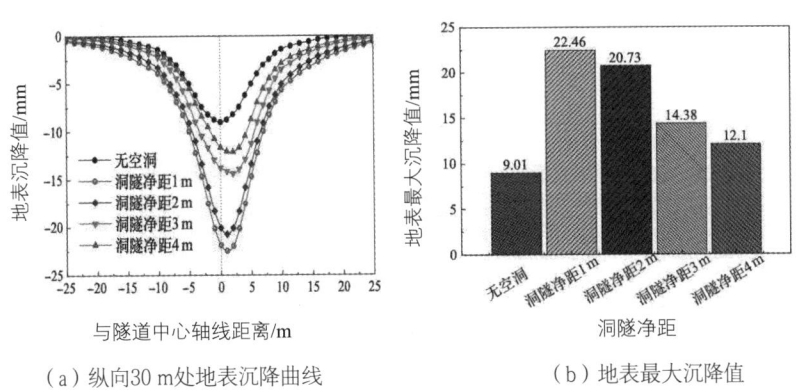

（a）纵向30 m处地表沉降曲线　　　　（b）地表最大沉降值

图 2.14　不同洞隧净距对地表沉降的影响

由图 2.15 可知，洞隧净距均为 2 m 时，空洞直径为 1 m 和 2 m 的地表最大沉降值分别为 15.91 mm 和 17.4 mm，两者相差 1.49 mm，地表沉降增幅不明显，而空洞直径为 3 m 时地表最大沉降值为 20.73 mm，地表沉降增幅显著。可知，随着空洞直径的增大，空洞的尺寸效应显著增强，当空洞直径大于 2 m 时，地表沉降显著增大。

由上述分析，可知随着空洞与隧道净距减小和空洞尺寸增大，空洞效应增强，空洞引起的地表沉降增幅显著。

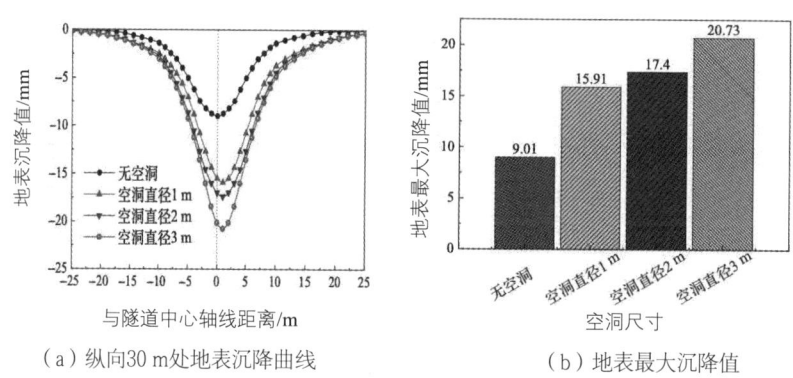

（a）纵向30 m处地表沉降曲线　　　　　（b）地表最大沉降值

图 2.15　不同空洞尺寸对地表沉降的影响

（4）不同空洞位置时的地表沉降规律。

图 2.16 绘制了无空洞工况与空洞位于隧道拱顶外侧、斜上方 45°、拱腰外侧、斜下方 45° 以及拱底外侧，洞隧净距均为 2 m 时的地表沉降曲线。由图 2.16 可知，各种工况下地表最大沉降均在隧道轴线附近，其中空洞位于隧道拱顶外侧和拱底外侧时，地表最大沉降均位于隧道轴线的正上方，分别为 15.62 mm 和 14.73 mm；空洞位于隧道拱腰外侧、斜上方 45° 和斜下方 45° 时，地表最大沉降位于隧道与空洞之间，但更靠近隧道轴线位置，分别为 21.82 mm、20.73 mm 和 17.31 mm。当空洞位于隧道拱腰外侧和斜上方 45° 时，地表沉降值相对于空洞位于隧道拱顶外侧、拱底外侧以及斜下方 45° 时出现较大幅度的增加，主要集中在空洞上方范围内。

由上述分析可知，空洞位于不同位置时，空洞引起的地表沉降影响程度具有较

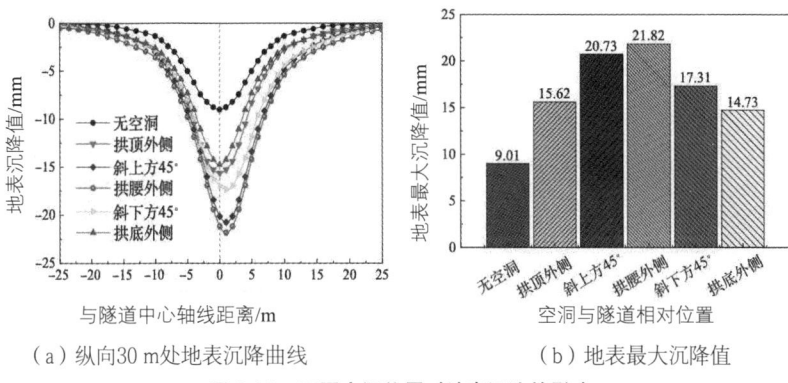

（a）纵向30 m处地表沉降曲线　　　　　　（b）地表最大沉降值

图 2.16　不同空洞位置对地表沉降的影响

大区别，影响程度排序为：拱腰外侧 > 斜上方 45° > 斜下方 45° > 拱顶外侧 > 拱底外侧。空洞位于拱底外侧时，沉降增幅较小；而空洞位于拱腰外侧时，沉降增幅最大。

2.多空洞下地表沉降规律分析

为研究多空洞复杂地层中，不同位置处的双空洞和三空洞组合对地表沉降的影响，设计 5 种工况进行计算，见表 2.9。

表2.9　多空洞地层下的数值模拟方案

工况	空洞类型	空洞形态	空洞尺寸/m	洞隧净距/m	空洞位置
1			$x=z=3$		拱顶与拱底外侧
			$y=4.5$		
2			$x=z=3$		拱腰与拱底外侧
	双空洞组合		$y=4.5$		
3		卧式圆柱体	$x=z=3$	2	拱腰与拱顶外侧
			$y=4.5$		
4			$x=z=3$		两侧拱腰背后
			$y=4.5$		
5	三空洞组合		$x=z=3$		两侧拱腰与拱底外侧
			$y=4.5$		

（1）位移云图。

图 2.17 表现了多空洞影响下 3 种不同位置处双空洞及三空洞组合的地层最终沉降云图。由图 2.17 可知，地层存在多空洞情况下，隧道周围土体发生较大变形，地表沉降急剧增加，且随着空洞数量的增加，地表沉降增大区域显著扩张。

（2）多空洞组合时的地表沉降规律。

图 2.18 为洞隧净距均为 2 m 时，地层空洞位于不同位置时双空洞和三空洞组合的地表沉降曲线。由图 2.18 可知，各种工况下地表沉降曲线均关于隧道轴线对称，且最大沉降位置均在隧道正上方，其中隧道拱顶与拱底外侧同时出现空洞时，地表最大沉降值最小，为 20.29 mm；隧道拱腰与拱底外侧、拱腰与拱顶外侧同时出现空洞时，地表最大沉降值分别为 21.78 mm 和 22.42 mm，上述三种工况的最大沉降增幅不明显，且三种双空洞工况的主要沉降增大区域为距隧道中心轴线 5 m 范围内。当隧道两侧拱腰背后同时出现空洞时，地表最大沉降值为 24.54 mm，比最小值大 20.9%，地表沉降显著增加，且主要沉降增大区域为距隧道中心轴线 8 m 范围内。当隧道两侧拱腰与拱底外侧同时出现空洞时，地表最大沉降值最大，为 29.5 mm，比最小值大 45.4%，地表沉降急剧增大，且主要沉降增大区域为距隧道中心轴线 15 m 范围内。

由上述分析可知，不同位置处的双空洞和三空洞组合对地表沉降影响主要表现在沉降量和沉降影响范围上；多空洞组合工况中，两侧拱腰与拱底外侧存在空洞时，地表沉降增幅最为明显，且主要影响区域会比双空洞组合情况下范围更大。

2.3.3 不同空洞类型对地表沉降变形的影响程度

为研究地层在单空洞和多空洞影响下，不同空洞类型对地表沉降变形的影响程度，提取了图 2.12~ 图 2.15 及图 2.18 中的最大地表沉降值，并按式（2-9）计算不同空洞类型对地表沉降变形的影响程度（图 2.19）。

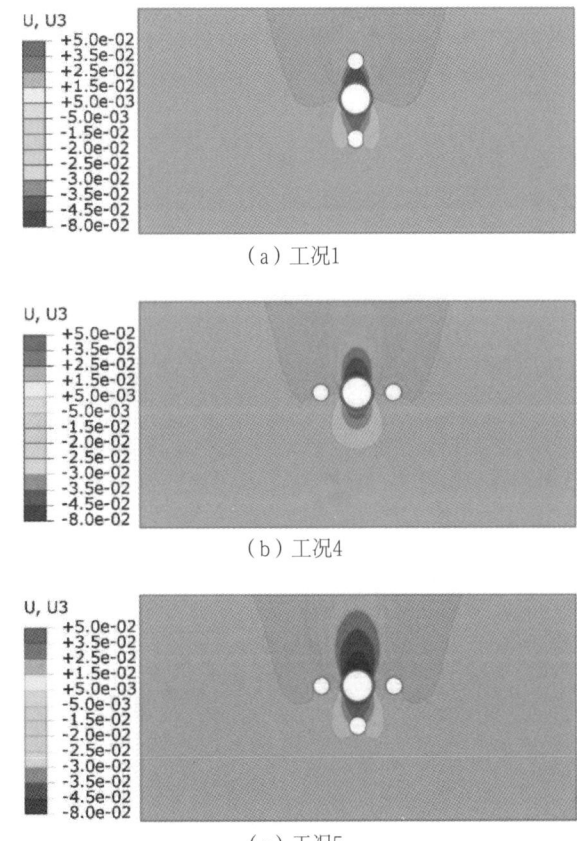

（a）工况1

（b）工况4

（c）工况5

图 2.17　多空洞地层下不同空洞类型的最终沉降云图

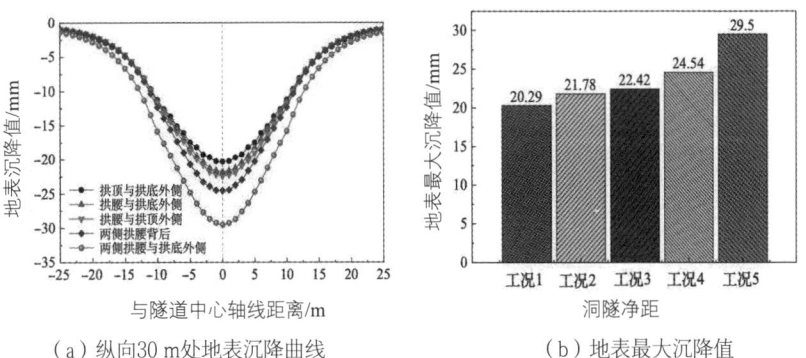

（a）纵向30 m处地表沉降曲线　　　　（b）地表最大沉降值

图 2.18　不同位置处多空洞组合对地表沉降的影响

$$W= \mid S_{\max}-S'_{\max} \mid \qquad （2\text{-}9）$$

式中：W 为不同空洞类型对地表沉降变形的影响程度；$S_{\max}$ 为含空洞地层条件下的最大地表沉降值；$S'_{\max}$ 为无空洞条件下的最大地表沉降值。

由图 2.19 可知，对于单空洞地层，不同空洞形态对地表沉降变形影响不大，随着洞隧净距减小和空洞尺寸增大，空洞引起的地表沉降增幅显著，当洞隧净距不超过 3 m，空洞直径大于 2 m 时，地表沉降变形程度显著增加；空洞位于不同位置时，空洞引起的地表沉降具有较大区别，空洞位于隧道拱腰外侧时，地表沉降增幅最大，斜上方 45° 和斜下方 45° 空洞次之，拱顶和拱底外侧空洞影响最小。对于多空洞地层，隧道两侧拱腰与拱底外侧存在空洞时，地表沉降变形程度最大，隧道两侧拱腰背后空洞次之，而隧道拱腰与拱底外侧、拱腰与拱顶外侧以及拱顶与拱底外侧空洞在多空洞组合工况中对地表沉降变形的影响程度相对较小。

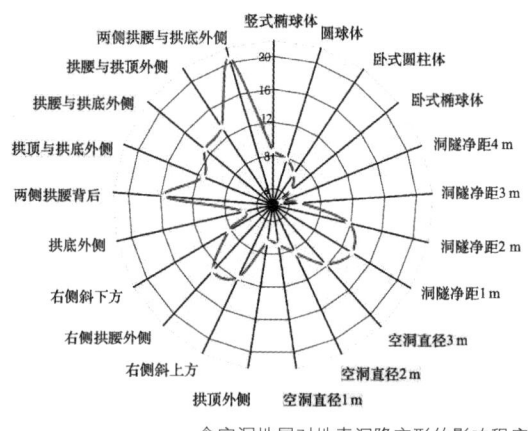

－－ 含空洞地层对地表沉降变形的影响程度

图 2.19　不同空洞类型对地表沉降变形的影响程度

2.3.4　复杂地层含空洞缺陷下隧道施工防控要点

（1）隧道施工过程中，利用地质雷达等探测设备对不密实地层和松散区进行地质超前勘探，掌握不良地质体的空洞位置、空洞尺寸以及洞隧距离等信息，为工程排查风险提供保障。

（2）对于单空洞地层，当洞隧净距小于 3 m、空洞直径大于 2 m 以及空洞位于隧道拱腰外侧时，对隧道施工的安全影响较大，需要采用超前注浆的方式对隧道周围土体进行改良，减小隧道开挖对空洞的扰动。

（3）对于多空洞地层，不同位置处的多空洞组合容易使原有空洞群连通成大型空洞，需要对空洞进行充填注浆，弥补不良地质体不连续缺陷，减小地层空洞诱发地面塌陷的可能性。

2.4　本 章 小 结

以南昌地铁 3 号线某区间为工程背景，重点阐述了在富水复杂地层盾构隧道施工过程中，隧道管片收敛和拱顶、拱底沉降变形对盾构施工的不利影响，绘制各典型监测断面上管片收敛和沉降值时空曲线，分析其变化规律，对监测数据变形值开展统计和检验分析，基于分析结果对隧道管片各监测对象进行整体或局部变形状态的定性和定量评估；同时采用开挖隧道的实际工程地质参数，建立盾构开挖模型，对地层空洞影响下盾构掘进引起的地表沉降规律进行了研究，得到以下结论。

（1）隧道管片在净空收敛方向上受周围土体挤压造成大多数断面发生水平向内侧收缩变形，在竖直方向上由于同步注浆不能有效填充造成大多数断面在隧道顶部发生一定上浮现象，少数断面在底部发生一定的隆起，各监测断面上的管片变形量都符合设计及规范要求，均在安全可控范围内。

（2）隧道管片收敛和拱顶、拱底沉降变化曲线在这个时空段均有不同程度的变化，其中收敛变化最大的监测点是 GGJ928（累计位移量为 2.41 mm），拱顶变化最大的监测点是 GGC1000（累计变化量为 3.10 mm），拱底变化最大的监测点是 GDC864（累计沉降量为 −3.96 mm），各监测值均低于警戒值，在安全范围内。

（3）隧道管片在净空方向上有一个系统性的偏移量为 −0.35 mm 的相对动态变形，在垂直方向上隧道管片顶部存在偏移量为 0.64 mm、底部存在偏移量为 −0.45 mm 的刚性绝对变形，隧道管片整体变形状态符合工程设计要求。

（4）地层空洞与地表沉降槽曲线存在一定的方位关系，即地表沉降槽曲线随着空洞的偏移发生相应的偏移，且最大沉降位置位于隧道与空洞之间。

（5）随着空洞与隧道净距减小和空洞尺寸增大，空洞效应增强，空洞引起的地表沉降增幅较大，当空洞位于隧道拱腰外侧时地表沉降增幅最大，而空洞不同形态对地表沉降的影响较小。

（6）不同位置处的双空洞和三空洞组合对地表沉降的影响主要表现在沉降量和沉降影响范围上。双空洞组合为两侧拱腰与拱底外侧时，对地表沉降影响最为显著。三空洞组合为两侧拱腰与拱底外侧时对地表沉降影响最为显著，主要沉降影响范围在隧道轴线两侧，地层整体沉降较大。相较于单空洞工况，多空洞组合加剧了地层变形。

第3章

盾构隧道微扰动施工
相关参数分析

3.1 盾构隧道微扰动施工控制参数分析

3.1.1 盾构施工参数分类

由前文分析可知，施工参数主要分为控制参数、状态参数及性能参数，其定义如下。

①控制参数：施工控制人员可直接控制的参数。

②状态参数：反映盾构机所处状态的参数，不同工作状态下对应的数值不同。

③性能参数：设备或地层固有的性能。

根据实际施工过程中采集的数据进行整理，并根据作用类型进行分类，盾构施工中微扰动控制施工参数分类如表 3.1 所示。

表3.1 微扰动控制施工参数分类

参数类型	所能收集的参数
控制参数	刀盘转速、前进推力、螺旋输送机转速
可获状态参数	刀盘扭矩、刀盘压力、顶推速度、螺旋输送机扭矩、土舱土压力、注浆量（脉冲式压浆，一般采用自适应控制）
理论状态参数	土舱渣土饱满度、螺旋输送机出土效率、刀盘与开挖面的作用力
性能参数	渣土密度、地层平均饱和密度、土体侧土压力系数、地层土体抗剪强度、刀盘开口率、盾壳长度、刀盘直径

需要说明的是，表 3.1 中的控制参数与可获状态参数是在本研究中可能要用到的参数，在实际中控制与监测到的参数还有很多，如推进油缸的起止行程、铰接油缸的油压、盾尾密封压力、设备多个部位的油温、有害气体等。

此外，还有为了方便参数分析而定义的新的参数，如土舱饱满度系数、盾壳与土体的摩擦系数、刀盘与开挖面的摩阻系数、刀盘背面与土舱内土体之间的摩阻系数等，这些参数与盾构机设备、刀盘结构形式、刀盘上刀具的布置数量与位置、地层土体性能、渣土的物理力学性能等相关，只能通过对现场实测结果进行反演分析才能得到。

3.1.2　南昌地铁微扰动施工参数分析

1.南昌地铁施工简介

（1）南昌地铁穿越地层。

南昌地铁工程沿线属于赣江Ⅱ级阶地地貌单元，地势平坦开阔。穿越段土层主要有人工填土、第四系上更新统冲积层，下部为第三系新余基岩。自上而下依次划分为①1杂填土、③1粉质黏土、③2细砂、③3砂、③3-j圆砾、③5砾砂、③6圆砾、③7-j砾砂、⑤1泥质粉砂岩、⑤3粉砂质泥岩。其中③5砾砂、③6圆砾层中密，渗透性较好，为主要穿越地层。部分区间穿越③5砾砂、③6圆砾层，由于处于地下水位以下，呈饱和状态，渗透性强。此外，部分区间为复合地层，区间穿越地层由透水性强、稳定性差的③6圆砾和稳定性较好的⑤1泥质粉砂岩组成。工程沿线地层情况复杂，以砂性土地层为主，部分区间地层特性表现为上软下硬。

（2）南昌地铁盾构机。

南昌地铁 3 号线"英雄"号盾构机部分规格 / 数量如表 3.2 所示。

表3.2　"英雄"号盾构机部分规格/数量

盾构部件	规格/数量
管片	外径6000 mm
	内径5400 mm
	环宽1200 mm
	分块3+2+1
刀盘直径	6280 mm
盾体（前盾+中盾）	直径6250 mm
	长度4180 mm
盾壳长度	3300 mm
密封件	3个钢丝排刷

盾构部件	规格/数量
注浆口	4个
油脂管	2×4个
推进油缸	30个
最大推进力	34210 kN
工作压力	325 bar
盾构机总长	约74 m
盾构机总重	约520 t

为满足盾构机穿越上软下硬地层的适应性要求，选取复合式土压平衡盾构机进行施工。盾构机穿越上软下硬地层是南昌地铁施工的重难点，其面临的风险主要有开挖面稳定性差、盾构姿态控制难度大，若控制不当对地层扰动影响也较大。因此施工选用的盾构机除具有完备的盾构开挖系外，还需具备超前预测的能力。

2.南昌地铁盾构施工总体分析

（1）刀盘参数分析。

图 3.1、图 3.2 分别为南昌地铁施工 100 环时刀盘转速以及刀盘扭矩统计。从图 3.1 可以看出，南昌地铁在砂性土地层中施工时刀盘转速主要集中在 1.2r/min，且波动较小，绝大多数的相邻环之间刀盘转速几乎相同（因显示的刀盘转速精确到小数点后 1 位，所以在 1.2r/min 左右的均显示为 1.2r/min）。从图 3.2 可以看出，由于开挖土体以砂性土为主，颗粒摩阻力较大，需要的刀盘阻力也就越大，盾构机的刀盘扭矩主要分布在 3000~5000kN·m，均值为 3803.07kN·m。

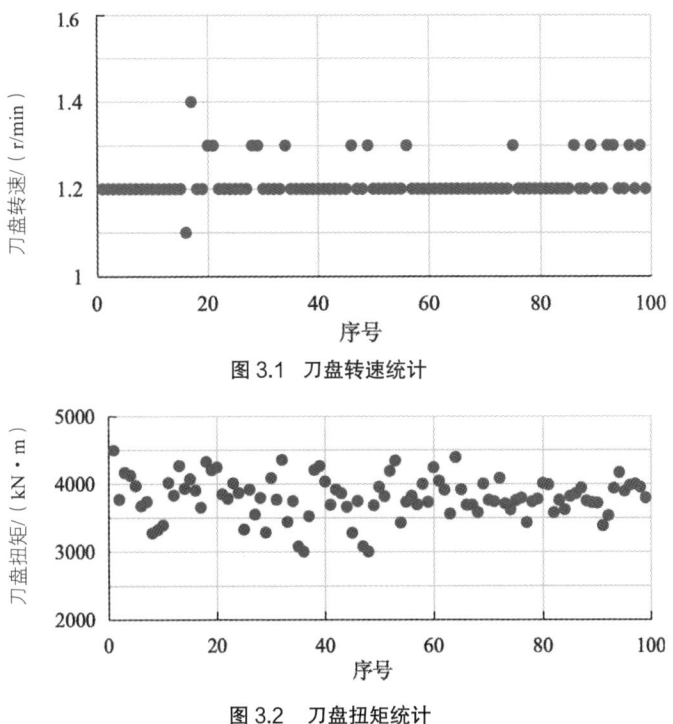

图 3.1　刀盘转速统计

图 3.2　刀盘扭矩统计

（2）顶推参数分析。

图 3.3、图 3.4 分别为南昌地铁施工顶推力及顶推速度统计。从图中可知，顶推力为 10000~16000kN，其平均值为 12786.08kN。顶推速度主要集中在 20~45mm/min，其平均值为 30.98mm/min。理论上而言，顶推力越大，刀盘切削开挖面土体的能力越强，但是切削下来的土体能否进入土舱内主要取决于土舱内的渣土饱满度，当渣土及时排出土舱且土舱饱满度较小时，则开挖面上的土体进入土舱内较容易。结合图 3.3 与图 3.4 以及各环的顶推力与顶推速度的坐标曲线图来看，参数之间几乎看不见相关性。

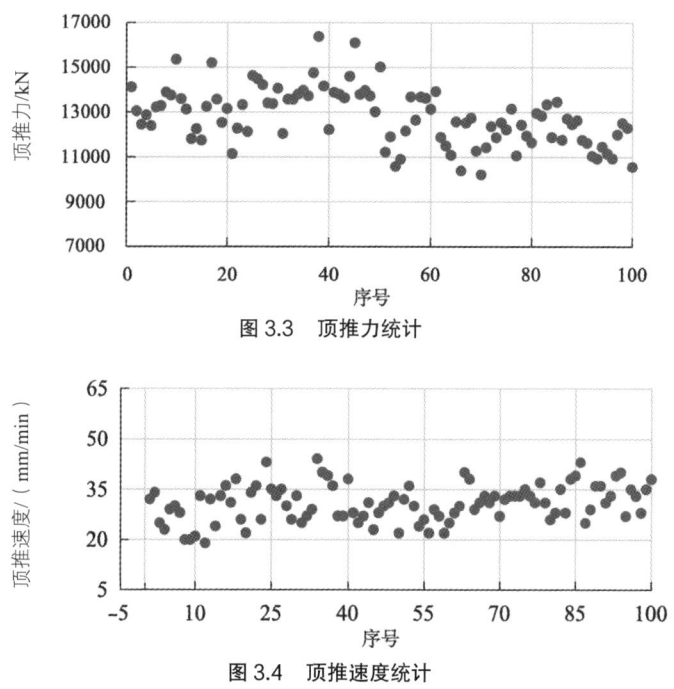

图 3.3　顶推力统计

图 3.4　顶推速度统计

（3）螺旋输送机参数分析。

图 3.5、图 3.6 为螺旋输送机扭矩及转速统计，螺旋输送机扭矩主要为 6~12 kN·m，其平均值为 9.62 kN·m；螺旋输送机转速主要为 2~5 r/min，其平均值为 3.62 r/min。螺旋输送机的出土效率较大程度取决于螺旋输送机的饱满程度，而螺旋输送机的饱满程度与土舱渣土饱满度相关。当土舱内的渣土饱满度更高时，螺旋输送机前端的渣土更加密实，因此螺旋输送机内的渣土也更加饱满，即螺旋输送机的出土效率更高，对应的螺旋输送机的扭矩也更大。事实上，螺旋输送机扭矩不仅与渣土饱满度有关，同时也与渣土性质有关，当渣土中含有较大粒径的颗粒时，大粒径颗粒夹在螺旋轴与圆筒之间，其扭矩会骤然增大，而当大粒径颗粒被碾碎后扭矩将急剧降低，因此，螺旋输送机扭矩在数值上波动较大。由此可见，在同样的地层环境下，螺旋输送机的扭矩可以反映螺旋输送机的出土效率；而对于不同地层掘进施工时，扭矩也在一定程度上反映渣土的物理力学性能。

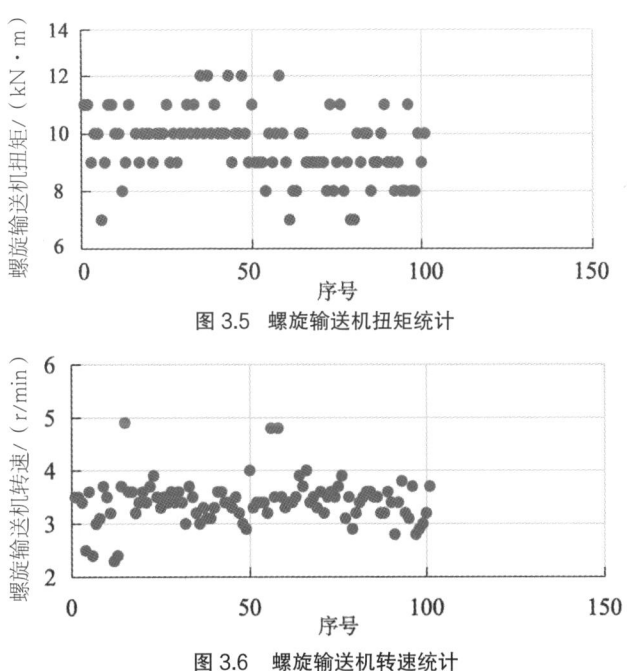

图 3.5　螺旋输送机扭矩统计

图 3.6　螺旋输送机转速统计

（4）参数相关性分析。

　　按照相关理论，当顶推力增大时，刀盘与开挖面之间接触力增大，其摩阻力随之增大，从而导致刀盘扭矩增大，但是从图 3.7 可以看出，不同顶推力下的刀盘扭矩分布较为分散，并不能很好地呈现正比例关系，甚至表现为反比例趋势。这主要是由于刀盘扭矩的分布并不均匀，刀盘面板处的扭矩与开口处的扭矩并不相同，当顶推力增大，土体在挤压作用下进入土舱内，土舱饱满度增大，从而提高了螺旋输送机的工作效率，小幅度降低了刀盘扭矩。

　　螺旋输送机转速在一定程度上代表了渣土的输出速率，而顶推速度近似地代表刀盘切削土体的体积，理论上这两者呈一定的正比例关系，为此，将两参数放到直角坐标图中，如图 3.8 所示，从图中可以看出，两者总体并没有呈现较好的正比例关系，螺旋输送机的转速反而随着顶推速度的增大呈减小趋势。在收集的数据中，渣土改良材料的添加量并不明晰，不同的改良材料的添加量也会改变两者之间的相互关系，因此数据难免有一定的误差。

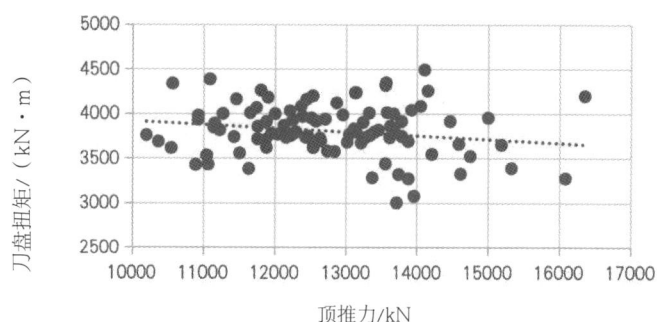

图 3.7　刀盘扭矩 – 顶推力统计

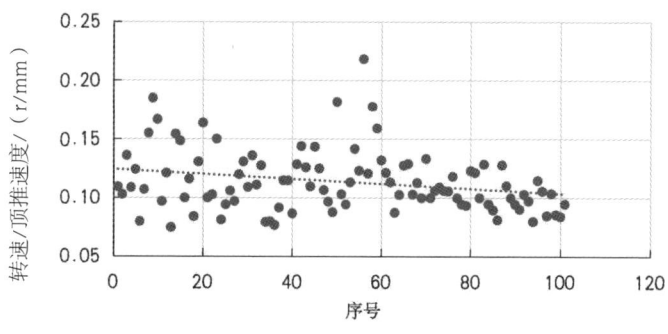

图 3.8　螺旋输送机转速 / 顶推速度

3.2　盾构隧道微扰动施工控制参数预测方法与验证分析

3.2.1　盾构机顶推力预测方法

1.开挖面稳定控制分析

盾构开挖面的土压力应控制在主动土压力与被动土压力之间（图 3.9）。对于单一土层，其静止土压力为：

$$\sigma_x = k_0 \gamma z \qquad (3\text{-}1)$$

式中：σ_x 为静止土压力；γ 为土的重度；z 为埋置深度；k_0 为静止土压力系数，对于砂土取经验值 0.34~0.45，对于黏性土取 0.5~0.7，或按半经验公式计算。

盾构开挖面主动土压力为：

$$\sigma_a = \gamma z \tan^2 \left(45° - \frac{\varphi}{2}\right) - 2c \left(45° - \frac{\varphi}{2}\right) \qquad (3-2)$$

式中：σ_a 为主动土压力；c 为土的黏聚力；φ 为土体的内摩擦角。

盾构开挖面被动土压力为：

$$\sigma_p = \gamma z \tan^2 \left(45° + \frac{\varphi}{2}\right) + 2c \left(45° + \frac{\varphi}{2}\right) \qquad (3-3)$$

式中：σ_p 为被动土压力。

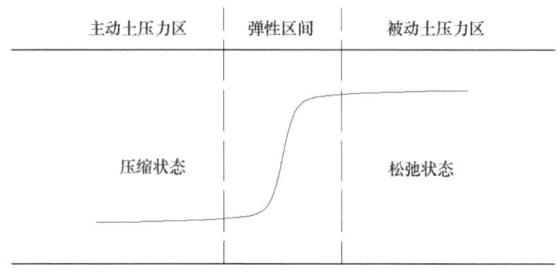

图 3.9　主动土压力与被动土压力区间

为了确保盾构施工过程中刀盘前部的地表不发生过大的沉降或隆起位移，开挖面的土压力应该控制在主动土压力与被动土压力之间（图 3.10）。

在盾构施工过程中，刀盘与开挖面的相互作用复杂，开挖面上各点的作用荷载并非均匀变化，刀盘面板接触位置的作用力较大，刀盘开孔处的土体与开挖面的作用力较小，但距离刀盘一定距离后其水平土压力逐渐趋于均匀。刀盘与开挖面的作用力通过盾构机顶推力进行控制。

2.顶推力预测计算方法

由分析可知，盾构机总顶推力主要由五部分组成，即刀盘与开挖面前方的相互

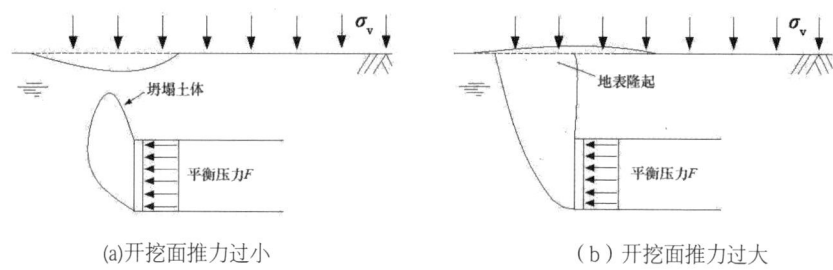

（a)开挖面推力过小　　　　　　　（b）开挖面推力过大

图 3.10　开挖面推力控制与地表沉降

作用力 F_1、盾壳与周围土体之间的摩擦阻力或黏结阻力 F_2、后配套台车的牵引阻力 F_3、盾尾刷与管片之间的摩擦阻力 F_4、曲线段施工时的附加阻力 F_5。当忽略 F_3、F_4、F_5 时，盾构机总顶推力可表示为：

$$F_d = F_1 + F_2 \tag{3-4}$$

以开挖面稳定土压力控制可得到刀盘与开挖面的最小与最大相互作用力，即：

$$
\begin{aligned}
F_{1\min} &= 2\int_0^R\int_0^\pi (\gamma z k_a - 2c\sqrt{k_a})r\mathrm{d}\theta\mathrm{d}\gamma \\
&= 2\int_0^R\int_0^\pi [\gamma(H'+R+r\cos\theta)k_a - 2c\sqrt{k_a}]r\mathrm{d}\theta\mathrm{d}\gamma \\
&= \pi R^2 [\gamma(H'+R)k_a - 2c\sqrt{k_a}]
\end{aligned} \tag{3-5}
$$

$$
\begin{aligned}
F_{1\max} &= 2\int_0^R\int_0^\pi (\gamma z k_p + 2c\sqrt{k_p})r\mathrm{d}\theta\mathrm{d}\gamma \\
&= 2\int_0^R\int_0^\pi [\gamma(H'+R+r\cos\theta)k_p + 2c\sqrt{k_p}]r\mathrm{d}\theta\mathrm{d}\gamma \\
&= \pi R^2 [\gamma(H'+R)k_p + 2c\sqrt{k_p}]
\end{aligned} \tag{3-6}
$$

式中：H' 为盾构机与地表的距离，$H'=H-R$；R 为盾构机刀盘的外径，$R=D/2$，如图 3.11 所示；k_a 为主动土压力系数；k_p 为被动土压力系数。

分析得到 F_2：

$$F_2 = N\mu_1 = (N_1+N_2+N_3)\mu_1 = 4RL\lambda(P_{e1}+\gamma R)\mu_1 + 2RL(2P_{e1}+P_{g1})\mu_1 \tag{3-7}$$

根据 $F_d=F_1+F_2$，得到盾构机的总顶推力控制范围为：

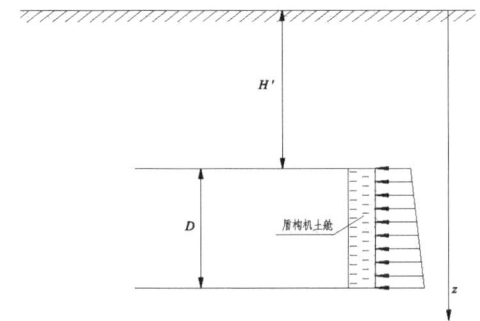

图 3.11　开挖面的合力计算简图

$$\left\{\pi R^2[\gamma(H'+R)k_a-2c\sqrt{k_a}]+\frac{2}{3}\pi R^3(fk\gamma H\mu_2)\right\}\leqslant F_d\leqslant\left\{\pi R^2[\gamma(H'+R)k_p+2c\sqrt{k_p}]+\frac{2}{3}\pi R^3(fk\gamma H\mu_2)\right\}$$

（3-8）

当 F_1 取静止土压力时，则 F_1 可近似表示为：

$$F_1=k_0\gamma H'R^2\pi$$

（3-9）

3.2.2　盾构机开挖面顶推力对地层扰动的影响分析

在土压平衡盾构施工过程中，通过在开挖面施加与原始地应力相等的支护力来预防因开挖引起的地层较大变形或开挖面失稳。但是由于地层条件和施工等因素的影响，在盾构施工过程中要做到刀盘与开挖面土体的完全平衡是不现实的。因此，需要提出一种合理的开挖面稳定控制方法，使开挖面支护压力的控制保证不会因压力过低而发生开挖面坍塌，同时也不能因压力过高而发生隆起破坏。针对这些问题，本小节采用数值模拟计算的方法，模拟复杂的地下开挖施工过程，研究不同刀盘推力作用下前方土体位移及地表的沉降结果，并给出刀盘推力的建议值。

盾构开挖是一个逐渐推进的过程，建立的数值仿真模型可以较好地模拟出盾构隧道开挖的过程（图 3.12）。通过在刀盘上施加相应的刀盘推力，并及时在开挖后的地方设置衬砌管片及注浆结构，以保证数值模拟具备一定的准确性与可靠性。根据南昌地铁盾构隧道施工的情况，假定盾构机刀盘直径为 6.4 m，为简化计算，盾

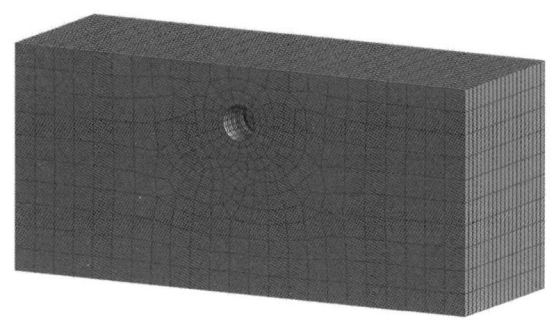

图 3.12　隧道开挖几何模型

壳直径与刀盘直径保持一致，均为 6.4 m，盾构机全长 9 m。盾壳及刀盘采用刚度极高的刚性材料，且两者均采用板结构进行模拟。其中盾壳厚度为 0.6 m，刀盘厚度为 1.5 m。盾构隧道的外径为 6.2 m，内径为 5.5 m，隧道中心埋深为 10 m。隧道外径与开挖面之间的空隙设置为等代层，用注浆材料进行填充。管片材料为钢筋混凝土弹性材料，采用 3D 实体单元模拟，每环管片纵向幅宽为 1.5 m。土层采用软岩材料进行模拟，软岩材料容重为 25 kN/m³，弹性模量为 20 MPa，泊松比为 0.25，黏聚力为 2.0 kPa，内摩擦角为 35°。模型纵向全长 30 m，而每环管片幅宽 1.5 m，因此共计模拟 20 环管片的施工环节。

　　由于模拟的施工环节较多，需要选取合适的施工阶段来进行分析。考虑到本小节主要研究盾构机开挖面顶推力对地表沉降的影响分析，在盾构隧道施工中，周围土体的扰动以及施工后土体的沉降是盾构施工评价的重要指标，同时也是盾构施工参数预测的重要参照。盾构隧道施工带来的土体沉降主要包括三个部分：一是推力控制不当引起的开挖面前方土体的沉降；二是盾壳直径小于盾构机刀盘引起的掘进过程中盾壳处的土体沉降；三是拼装后的盾构隧道脱出盾尾填充同步注浆材料后，超孔隙水压力消散导致的土体沉降，只存在于已经完成拼装的盾构隧道中。基于土体沉降的三个部分，选取分析的施工段为施工的第十三个阶段，此时盾构机已经向前掘进十三环，已有七环管片脱出盾尾并完成注浆操作，此阶段为盾构掘进中常见的一种施工阶段，具有普遍性，并且可以很好地模拟出这三个部分分别存在的沉降情况。

由于实际作用于刀盘表面的土体压力为梯形荷载，为了方便说明，取刀盘中心点的土体压力值来代表开挖面的土体压力大小。在理想的施工平衡状态下，刀盘与开挖面的平均相互作用力应与刀盘中心位置的原始水平土压力相等。现假设原刀盘后的土体处于静止状态且无侧向位移，此时刀盘后的土体处于弹性平衡状态。土体表面下深度 H 处刀盘中心位置的静止土压力可以按半无限体水平向自重应力的计算公式计算，即

$$P_0=K_0\gamma H \tag{3-10}$$

式中：P_0 为刀盘中心处的水平土压力；K_0 为静止土压力系数；γ 为土的重度；H 为刀盘中心与土体表面的距离。

其中，静止土压力系数 K_0 可以根据公式 $K_0=\dfrac{\mu}{1-\mu}$ 进行计算，μ 为土的泊松比。在本模型中，土体的泊松比为 0.25，可以根据公式计算出模型土的静止土压力系数 K_0 为 0.33。模型土的重度为 25kN/m³，刀盘中心与土体表面的距离为 10m，因此可以计算出刀盘中心处的水平土压力。

$$P_0=K_0\gamma H=0.33\times25\times10\text{kPa}=82.5\text{kPa} \tag{3-11}$$

以上述刀盘中心处的水平土压力作为整个刀盘面的平均土压力，并根据刀盘直径 6.4 m 进行计算，计算出刀盘与前方土体的相互作用力为 $F=P_0S=82.5\times\pi\times3.2^2\text{kN}\approx2654\text{kN}$。为使施工达到理论平衡状态，需要在刀盘上施加的理论刀盘推力 F_p 应和刀盘与开挖面的相互作用力是相同的，此时刀盘前方的土体沉降应趋近于零。

首先在刀盘面上施加理论刀盘推力 F_p 并进行仿真模拟，得出的位移及应力云图如图 3.13 所示。从图 3.13(a) 中可以看出，已建盾构隧道、盾壳上方及刀盘前方的土体均产生沉降，其中，已建盾构隧道处的沉降值远远超过前面两处的沉降值。由此可见，盾构隧道施工产生的沉降主要产生于盾构隧道脱出盾尾后的注浆环节，是三

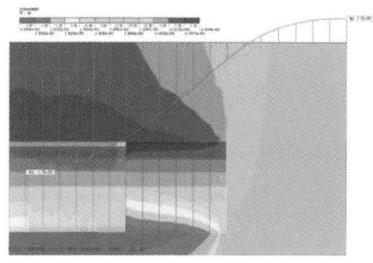
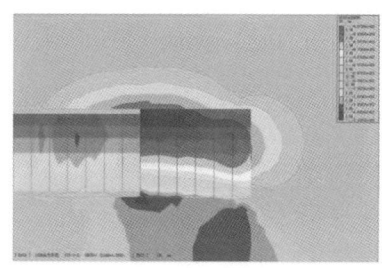

（a）竖向位移云图　　　　　　　　　　（b）水平位移云图

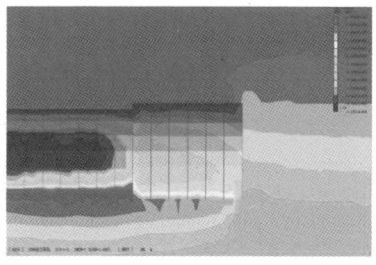
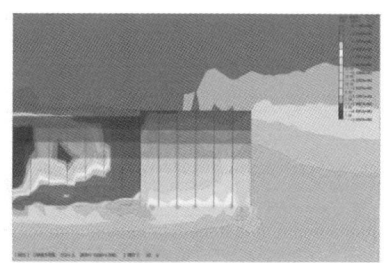

（c）竖向应力云图　　　　　　　　　　（d）水平应力云图

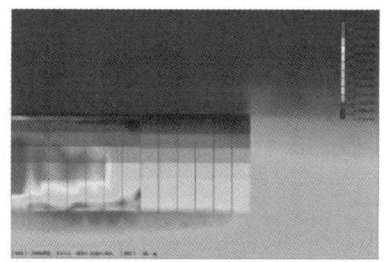

（e）总应力云图

图 3.13　100%F_p 工况对应的计算结果

部分沉降的主要部分。刀盘前方的土体在发生沉降的同时在刀盘推力作用下产生一定的水平位移，如图 3.13(b) 所示。与此同时刀盘前方的土体也产生一定的挤土效应，这是图 3.13(a) 中刀盘前方的土体轻微隆起的原因。

　　为了分析不同刀盘推力下的土体位移及应力分布并根据分析结果得出刀盘推力的建议值，以理论刀盘推力 F_p 为基准，施加不同的刀盘推力荷载，分析在不同的刀盘推力作用下前方土体位移及地表的沉降结果。现选取 $10\%F_p$、$20\%F_p$、$40\%F_p$、$60\%F_p$、$130\%F_p$、$160\%F_p$、$200\%F_p$、$300\%F_p$、$400\%F_p$ 及 $500\%F_p$ 作用下的几种工况，分别提取出竖向应力云图、水平应力云图、总应力云图、竖向位移云图（包括地表沉降线）及水平位移云图。

（1）工况一：$10\%F_p$作用（图3.14）。

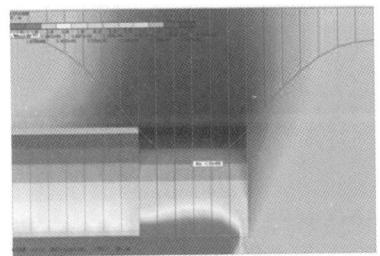 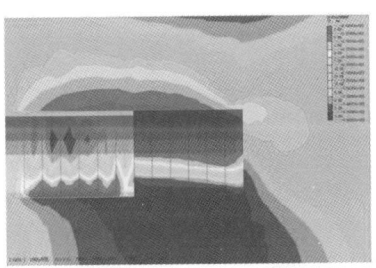

（a）竖向位移云图　　　　　　　　　（b）水平位移云图

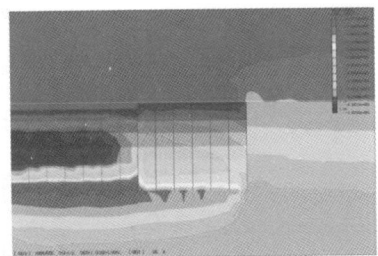 

（c）竖向应力云图　　　　　　　　　（d）水平应力云图

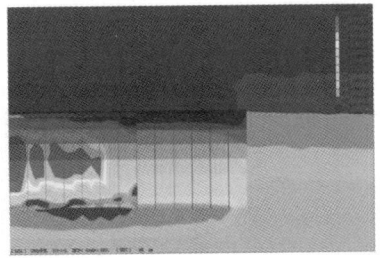

（e）总应力云图

图 3.14　$10\%F_p$工况对应的计算结果

（2）工况二：20%F_p作用（图3.15）。

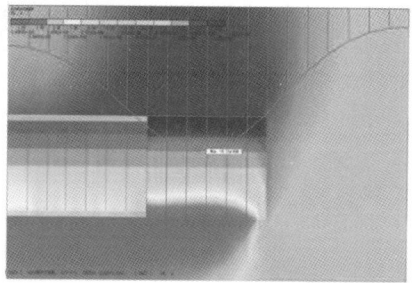
（a）竖向位移云图

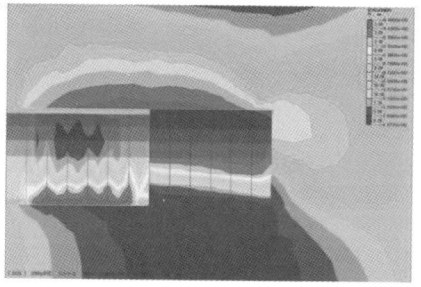
（b）水平位移云图

（c）竖向应力云图

（d）水平应力云图

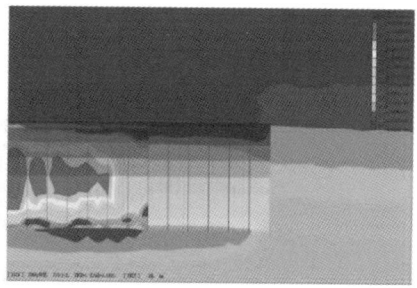
（e）总应力云图

图3.15　20%F_p工况对应的计算结果

（3）工况三：40%F_p作用（图3.16）。

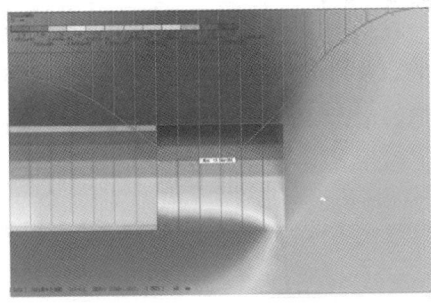
（a）竖向位移云图

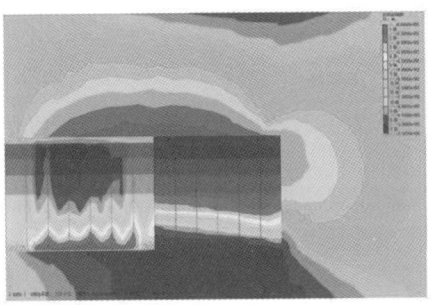
（b）水平位移云图

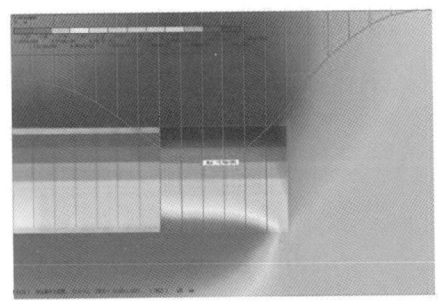
（c）竖向应力云图

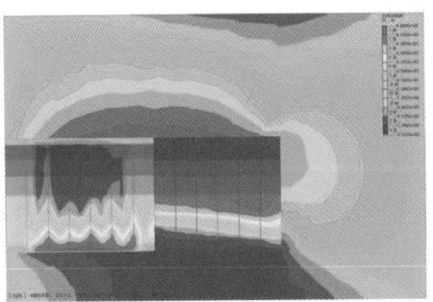
（d）水平应力云图

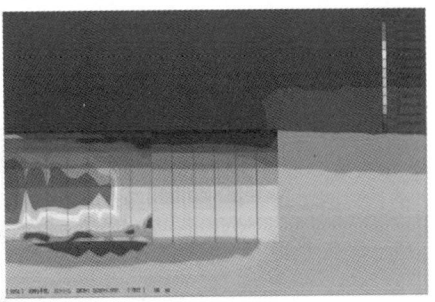
（e）总应力云图

图 3.16　40%F_p工况对应的计算结果

（4）工况四：60%F_p作用（图3.17）。

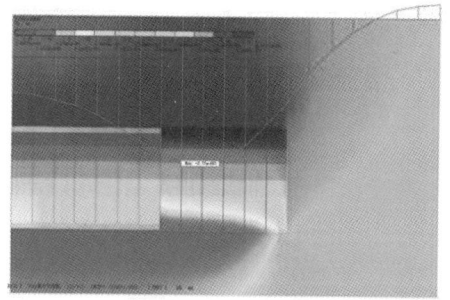

（a）竖向位移云图

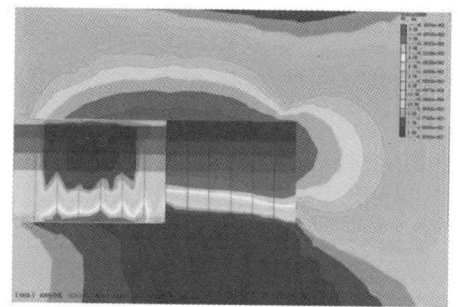

（b）水平位移云图

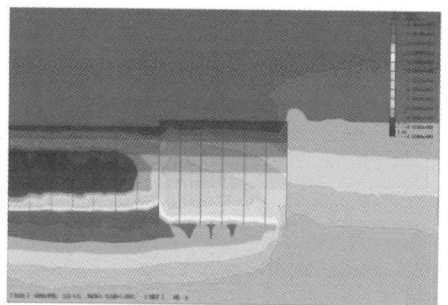

（c）竖向应力云图

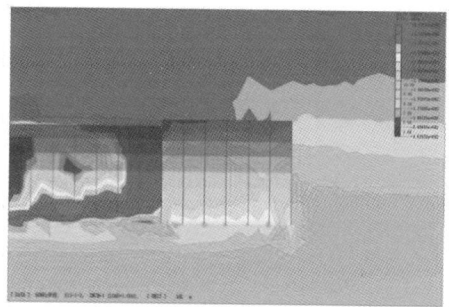

（d）水平应力云图

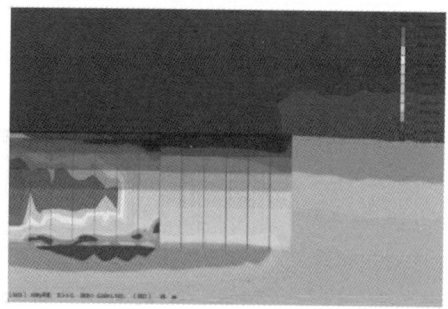

（e）总应力云图

图3.17　60%F_p工况对应的计算结果

（5）工况五：130%F_p作用（图3.18）。

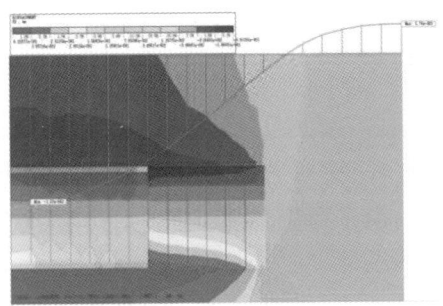

（a）竖向位移云图

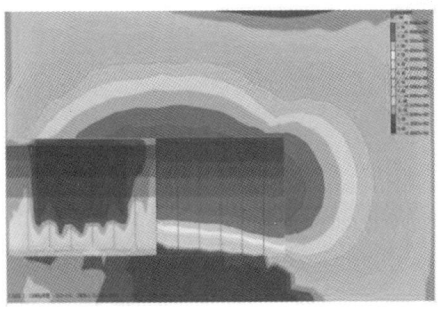

（b）水平位移云图

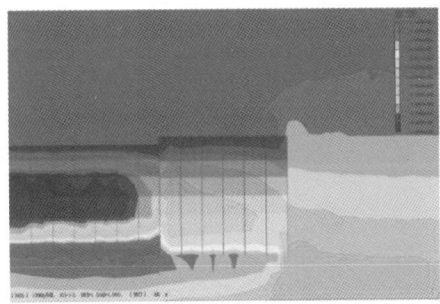

（c）竖向应力云图

（d）水平应力云图

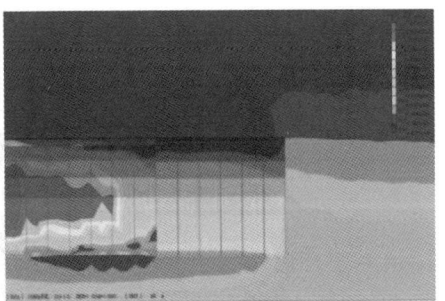

（e）总应力云图

图 3.18　130%F_p工况对应的计算结果

（6）工况六：160%F_p作用（图3.19）。

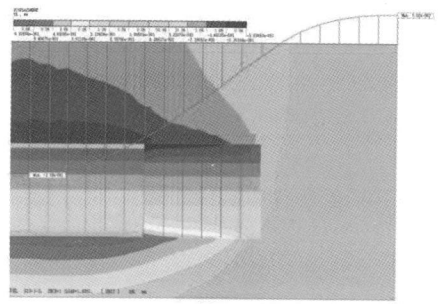

（a）竖向位移云图

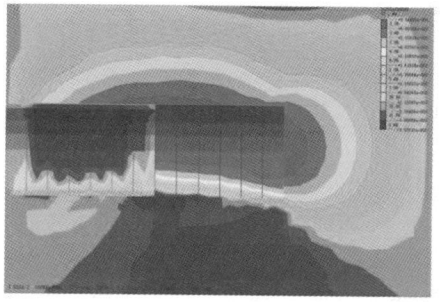

（b）水平位移云图

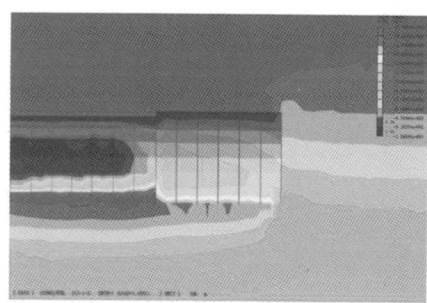

（c）竖向应力云图

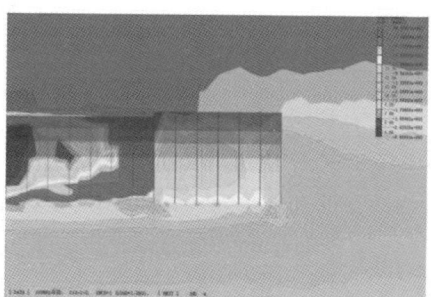

（d）水平应力云图

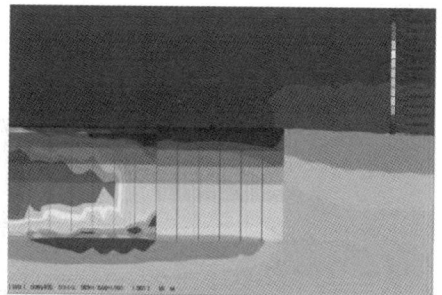

（e）总应力云图

图3.19　160%F_p工况对应的计算结果

（7）工况七：200%F_p作用（图3.20）。

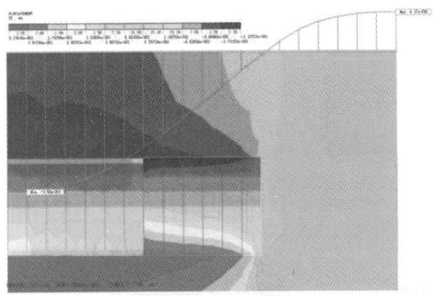
（a）竖向位移云图

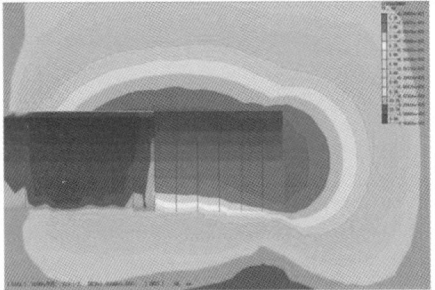
（b）水平位移云图

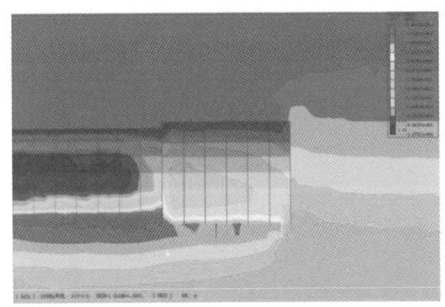
（c）竖向应力云图

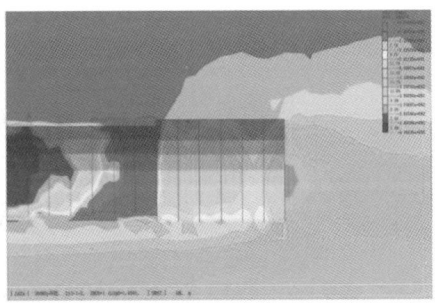
（d）水平应力云图

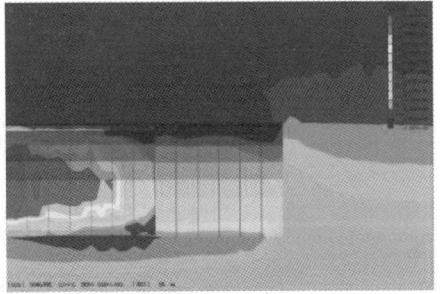
（e）总应力云图

图 3.20　200%F_p工况对应的计算结果

（8）工况八：300%F_p作用（图3.21）。

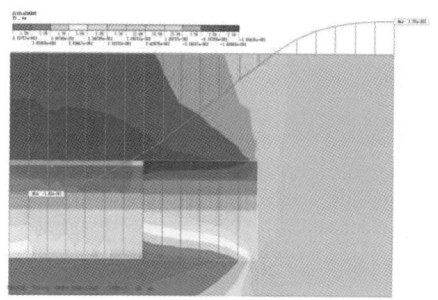

（a）竖向位移云图

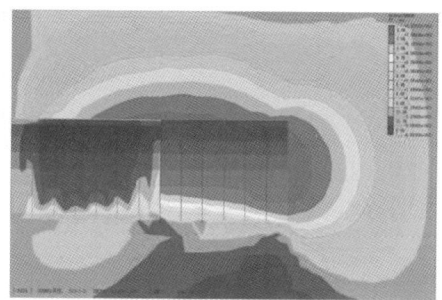

（b）水平位移云图

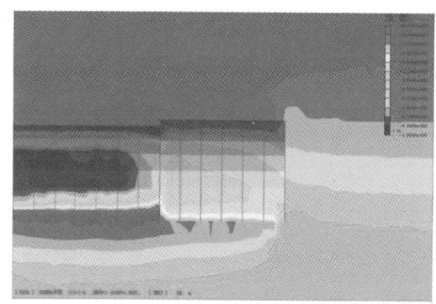

（c）竖向应力云图

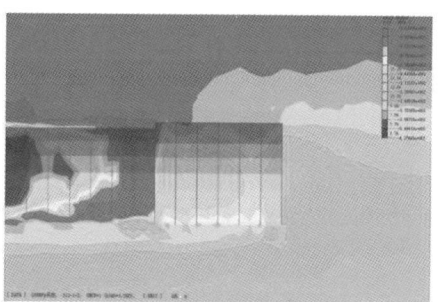

（d）水平应力云图

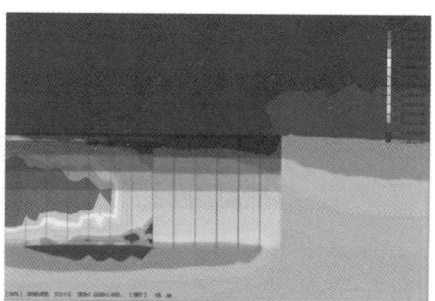

（e）总应力云图

图3.21　300%F_p工况对应的计算结果

（9）工况九：400%F_p作用（图3.22）。

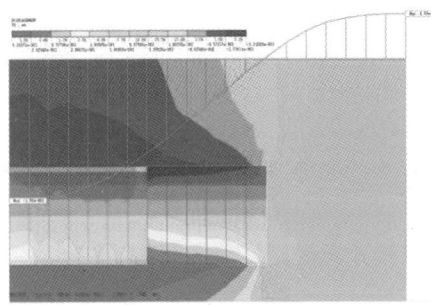
（a）竖向位移云图

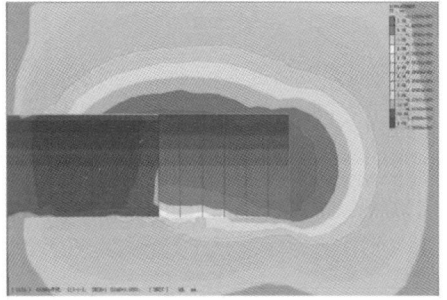
（b）水平位移云图

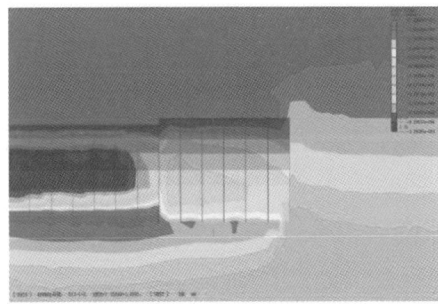
（c）竖向应力云图

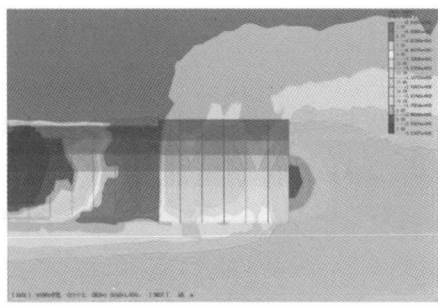
（d）水平应力云图

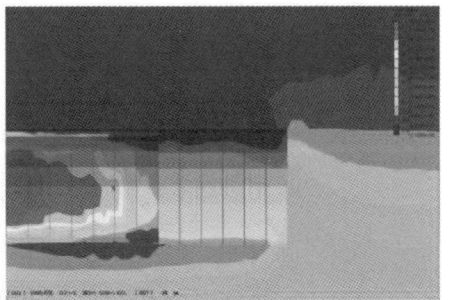
（e）总应力云图

图 3.22　400%F_p工况对应的计算结果

（10）工况十：500%F_p作用（图3.23）。

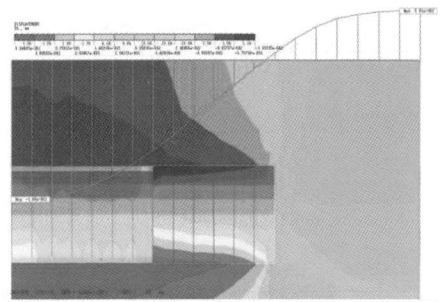
（a）竖向位移云图

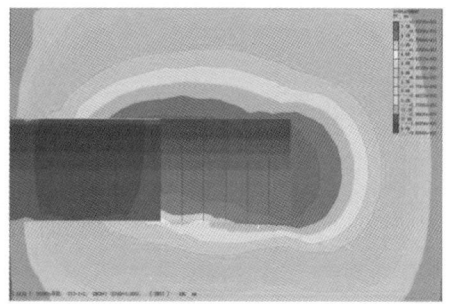
（b）水平位移云图

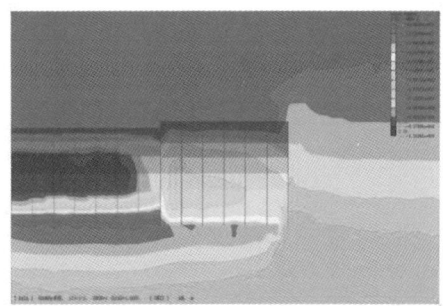
（c）竖向应力云图

（d）水平应力云图

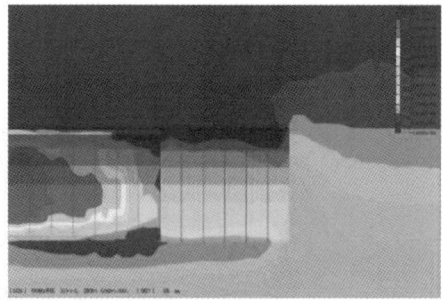
（e）总应力云图

图3.23　500%F_p工况对应的计算结果

对各工况的地表沉降线进行汇总，选取刀盘正上方地表、盾壳中心正上方地表及盾尾后部地表三个地点作为观测点并记录地表的竖向位移，结果如表 3.3 所示，并以此绘制刀盘正上方地表以及盾壳中心正上方地表的竖向位移图，如图 3.24、图 3.25 所示。

表3.3　不同开挖面支撑力作用下的地表竖向位移（单位：mm）

工况	刀盘正上方地表竖向位移	盾壳中心正上方地表竖向位移	盾尾后部地表最大竖向位移	备注
10%F_p	−0.0239	−0.0624	−0.128	
20%F_p	−0.0232	−0.0621	−0.129	
40%F_p	−0.0219	−0.0616	−0.130	
60%F_p	−0.0205	−0.0619	−0.132	
100%F_p	−0.0179	−0.0466	−0.135	
130%F_p	−0.0159	−0.0589	−0.137	考虑静止土压力
160%F_p	−0.0139	−0.0581	−0.139	
200%F_p	−0.0112	−0.0569	−0.142	
300%F_p	−0.0046	−0.054	−0.15	
400%F_p	0.0021	−0.051	−0.158	
500%F_p	0.087	−0.0481	−0.165	

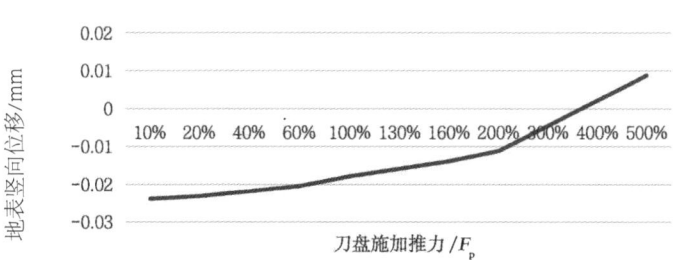

图 3.24　刀盘正上方地表竖向位移

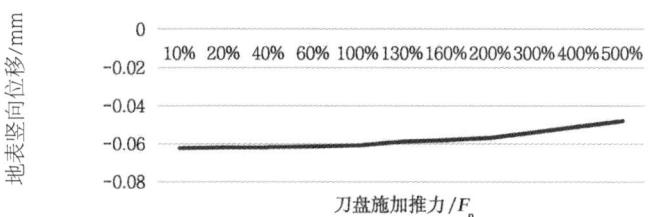

图 3.25　盾壳中心正上方地表竖向位移

当刀盘施加推力小于理论刀盘推力 F_p 时，此时开挖面支护压力不足以支撑开挖面土体，刀盘前方的土体发生沉降，并且沉降随着推力的减小而增大。当刀盘施加推力大于理论刀盘推力 F_p 时，此时开挖面支护压力大于原始的地层土压力，刀盘前方的土体会在刀盘的作用下发生较大的水平位移，从而在地表上表现为隆起。

从图 3.25 可以看出，盾壳中心正上方的土体的竖向位移随着刀盘推力的增加而减小，但是变化幅度不是很大，且变化较为均匀。这是由于盾壳中心正上方土体产生的沉降主要是盾壳与刀盘尺寸不一致引起的。刀盘开挖后尺寸稍小的盾壳处势必会产生一定的土体沉降，但这一部分的沉降受到刀盘推力的影响并不明显。

在三部分沉降中，刀盘推力影响最直观同时也是效果最明显的就是刀盘前方土体的沉降。刀盘前方地表土体的沉降可以反映开挖面的稳定性，同时也是盾构施工评价的重要指标之一。刀盘推力对刀盘前方地表土体沉降的影响有两个方面，一是土体沉降值，二是土体沉降的范围。从图 3.24 可以看出，随着刀盘推力的逐渐增大，刀盘正上方的土体的沉降值逐渐减小，当刀盘推力较大时，地表土体会表现为隆起。当刀盘推力达到 $200\%F_p$ 以后，地表竖向位移会有较大的变化率，可以认为此时刀盘前方的土体达到极限平衡状态，并产生较大的竖向位移变化。据此给出的最大刀盘推力为 $200\%F_p$。从图 3.13~ 图 3.23 可以看出，随着刀盘推力的减小，地表沉降值及沉降范围均在逐渐增大，当刀盘推力减小至 $40\%F_p$ 后，土体沉降范围突然变大，为保证施工安全，给出的最小刀盘推力值为 $40\%F_p$。经综合考虑，刀盘推力的推荐值为 $40\%F_p$~$200\%F_p$。

3.3 盾构施工对底部已建盾构隧道微扰动控制技术影响

土压平衡盾构机已经广泛应用于软土、砂砾土、卵石土和风化岩层的隧道施工中。

在盾构机掘进过程中，旋转的刀盘切割土层，破碎后的渣土经过刀盘的开口进入盾构机的土仓，使得土仓内具有合适的压力，以维持掘进工作面的稳定性。土仓后面的螺旋输送机将经过改性后的土仓内渣土排放到后面的皮带上。通过调整螺旋输送机的排土速度，改变土仓内渣土的体积，进而控制土仓压力和掘进工作面的压力，实现地表变形的有效控制。盾构机土仓压力的精确控制对于保证盾构机掘进的安全施工和控制地表的沉降与隆起具有重要的意义。本节以南昌地铁 3 号线某区间盾构施工为工程背景，分析开挖面在超压、常压以及欠压的状态下对下部既有盾构隧道的影响，通过比较不同开挖面的压力情况，提出合理的建议。

3.3.1　高新停车场出入线区间与梁京区间位置关系

1.水平方向

出入线隧道中心线与正线中心线交叉角度约为 35°。出入线左线隧道边线与梁京区间隧道边线相交起点里程为 K0+227.884，对应梁京区间正线里程为 ZDK47+661.328；出入线左线隧道中心线与梁京区间隧道中心线相交点里程为 K0+243.206；出入线左线隧道边线与梁京区间隧道边线相交终点里程为 K0+256.246，对应梁京区间正线里程为 ZDK47+689.690；出入线右线隧道边线与梁京区间隧道边线相交起点里程为 K0+258.251，对应梁京区间正线里程为 ZDK47+690.468；出入线右线隧道中心线与梁京区间隧道中心线相交点里程为 K0+271.075；出入线右线隧道边线与梁京区间隧道边线相交终点里程为 K0+278.826，对应梁京区间正线里程为 ZDK47+714.425。水平位置关系如图 3.26 所示。

2.竖直方向

拟建出入线隧道位于正线隧道上方 2.78~2.8 m，土层信息及两隧道竖直方向关系如图 3.27 所示。

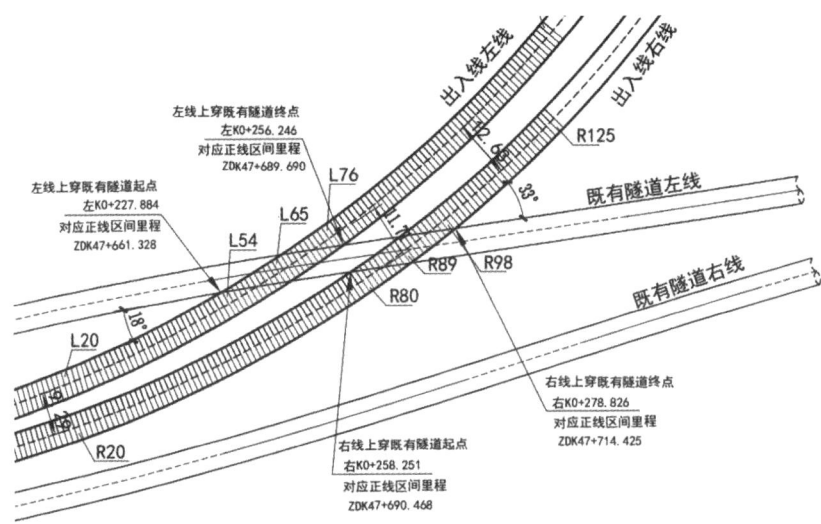

图 3.26 两区间隧道平面位置关系图

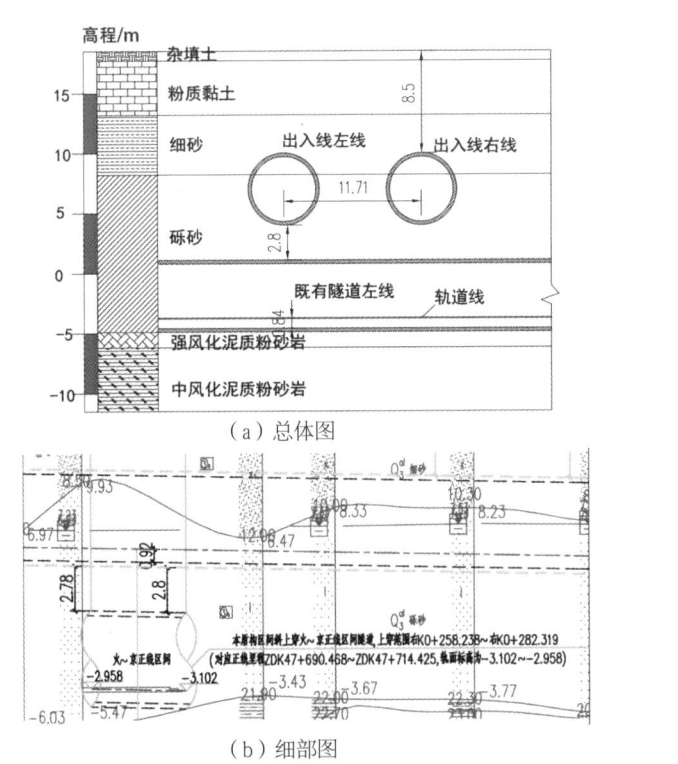

（a）总体图

（b）细部图

图 3.27 两区间隧道纵断面位置关系图

3.3.2　有限元计算模型

1.MIDAS GTS NX软件简介

MIDAS GTS NX 是一款针对岩土领域研发的通用有限元分析软件，支持静力分析、动力分析、渗流分析、应力 - 渗流完全耦合分析、固结分析、施工阶段分析、边坡稳定分析等多种分析类型，适用于地铁、隧道、边坡、基坑、桩基、水工、矿山等各种实际工程的准确建模与分析，并提供了多种专业化建模助手和数据库，其主要功能分类如图 3.28 所示。

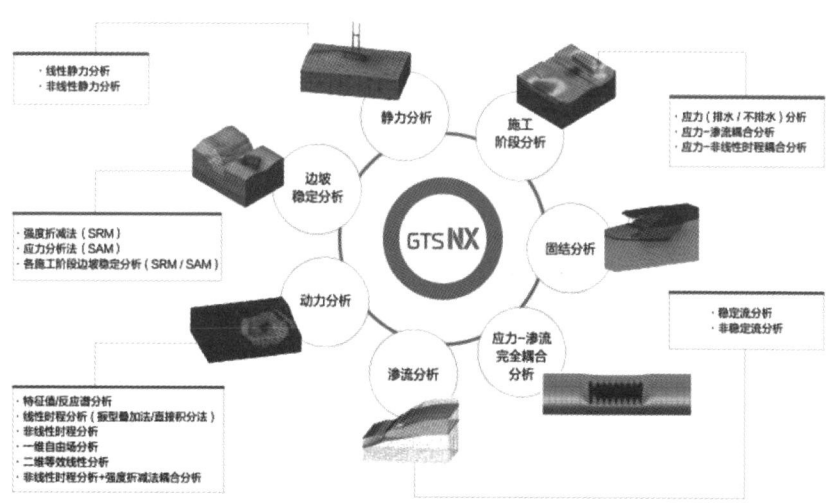

图 3.28　MIDAS 软件功能图

2.有限元模型

有限元计算模型采用 MIDAS 建模，整体计算模型如图 3.29（a）所示，为消除有限元计算时边界条件对模型应力应变的影响，选取有限元计算模型尺寸为长 155 m、宽 92 m、高 36 m，土体本构模型选用修正 Mohr-Coulomb，计算单元为实体单元，计算单元数为 81235 个，土体四周约束其法向位移，底部约束其竖向位移。隧道衬砌采用二维板单元模拟，包含 3296 个计算单元，两区间隧道衬砌之间的位置关系如图 3.29（b）所示。

（a）整体计算模型图

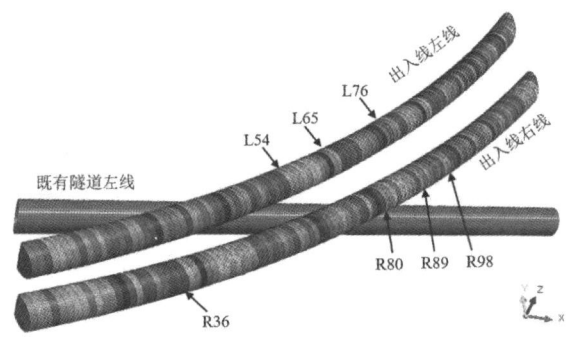

（b）两区间隧道衬砌位置关系示意图

图 3.29　有限元模型图

3.土层参数及计算工况

（1）土体物理力学参数。

根据地质资料给出的物理力学参数建议值和部分报告规范中给出的地层参考建议值，同时结合现场钻孔勘查得到的地质钻孔图，充分考虑岩体物理力学参数与岩石的物理力学参数在数值计算中的差异，及施工扰动对地层软化效果，采用修正Mohr-Coulomb土层参数计算公式，得出土层计算参数，见表 3.4。

表3.4　土层物理力学参数

材料	重度γ/ (kN/m³)	泊松比 ν	内摩擦角/ (°)	黏聚力/ kPa	饱和容重γ_{sat}/ (kN/m³)	K_0	E_{50}^{ref} /MPa	E_{oed}^{ref} /MPa	E_{ur}^{ref} /MPa
杂填土	18.0	0.35	12	5	19	0.38	3.5	3.5	10
粉质黏土	19.0	0.32	12.7	36.8	20	0.4	5.11	5.11	16
细砂	19.6	0.28	30	—	20	0.45	10	10	30
砾砂	19.8	0.22	35	—	21	0.57	35	35	110
强风化泥质粉砂岩	22.0	0.2	25	40	22	0.6	32	32	100
中风化泥质粉砂岩	21.1	0.2	38.75	65	23	0.6	60	60	180

（2）盾构管片物理力学参数。

盾构管片混凝土为 C55 型混凝土，采用弹性本构进行模拟，泊松比取 0.2，容重取 25 kN/m³，C55 型混凝土弹性模量为 35.5 GPa，考虑到盾构管片接头处的刚度损耗，故给予盾构管片弹性模量一个 0.65 的折减系数，盾构管片的弹性模量取 23 GPa。

3.3.3　计算结果与分析

1.开挖面常压状态下上部隧道开挖对下部隧道的影响

该模型采用 MIDAS 建模计算，计算分析步如下：

①土体及下部盾构隧道进行初始地应力平衡；

②上部隧道土体开挖及施作隧道衬砌。

（1）开挖面常压下引起下部盾构隧道位移分析。

开挖面常压下引起下部盾构隧道位移云图见表 3.5。

表3.5　开挖面常压下引起下部盾构隧道位移云图

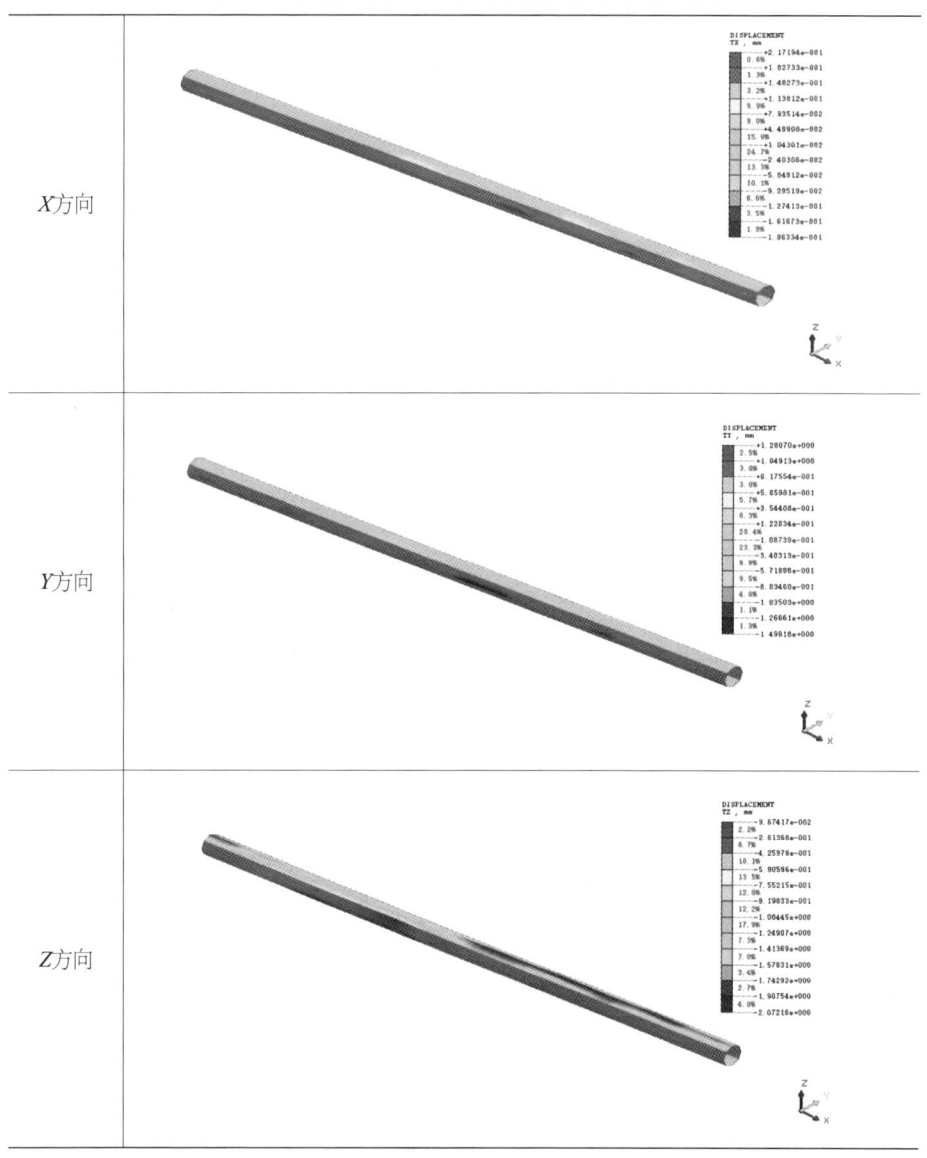

由表 3.5 位移云图可以看出，开挖面常压下引起下部盾构隧道 X 方向最大位移
为 0.22 mm，Y 方向最大位移为 1.50 mm，Z 方向最大位移为 2.07 mm。盾构管片最
大位移出现在竖直方向，且最大位移值为 2.07 mm。

（2）开挖面常压下引起下部盾构隧道弯矩分析。

开挖面常压下引起下部盾构隧道弯矩云图见表 3.6。

表3.6　开挖面常压下引起下部盾构隧道弯矩云图

由表 3.6 弯矩云图可以看出，开挖面常压下引起下部盾构隧道 X 方向最大弯矩为 204.33 kN·m，Y 方向最大弯矩为 215.39 kN·m。

（3）开挖面常压下引起下部盾构隧道轴力分析。

开挖面常压下引起下部盾构隧道轴力云图见表 3.7。

表3.7　开挖面常压下引起下部盾构隧道轴力云图

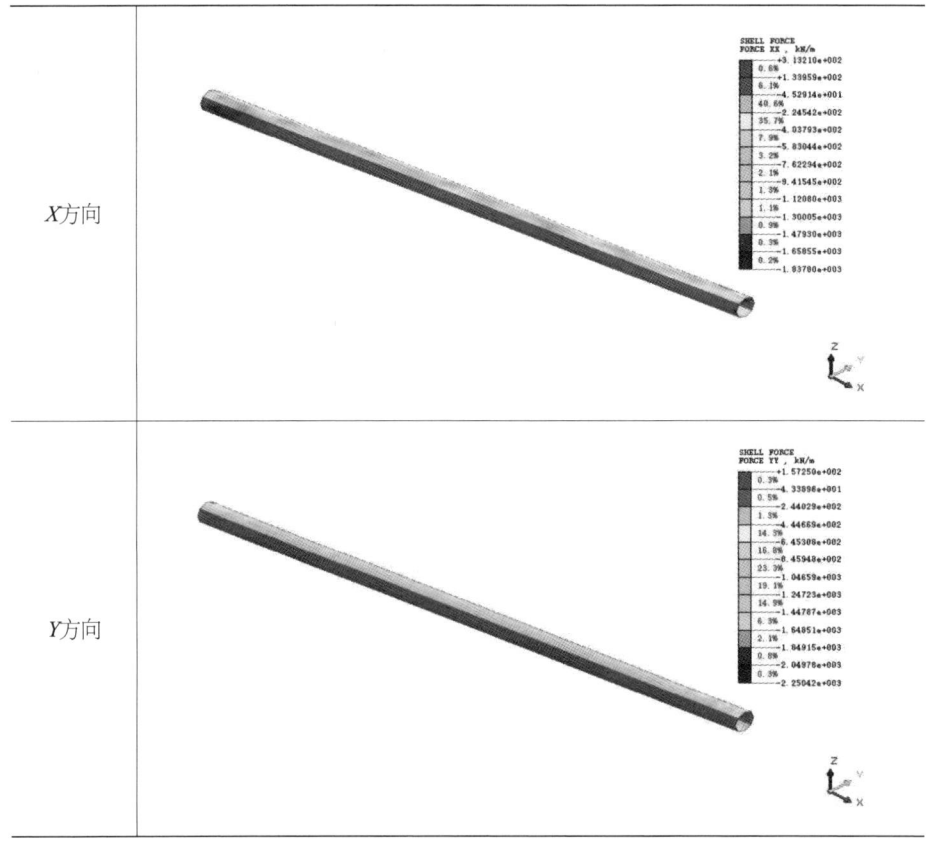

由表 3.7 轴力云图可以看出，开挖面常压下引起下部盾构隧道 X 方向最大轴力为 1837.80 kN，Y 方向最大轴力为 2250.42 kN。

2.开挖面超压状态下上部隧道开挖对下部隧道的影响

该模型采用 MIDAS 建模计算，计算分析步如下：

①土体及下部盾构隧道进行初始地应力平衡；

②上部隧道土体开挖及施作隧道衬砌；

③对开挖面施加超压荷载。

（1）开挖面超压下引起下部盾构隧道位移分析。

开挖面超压下引起下部盾构隧道位移云图见表 3.8。

表3.8　开挖面超压下引起下部盾构隧道位移云图

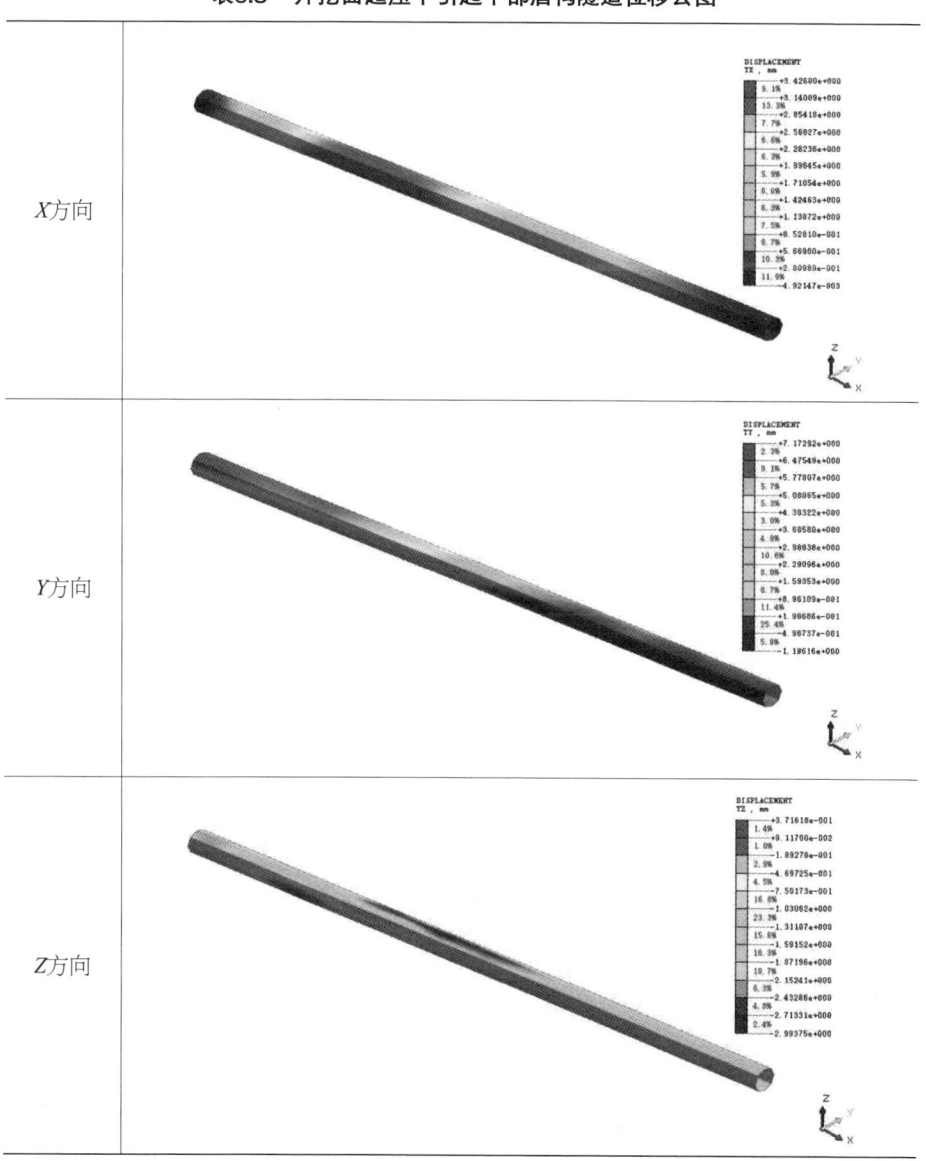

由表 3.8 位移云图可以看出，开挖面超压下引起下部盾构隧道 X 方向最大位移为 0.34 mm，Y 方向最大位移为 2.89 mm，Z 方向最大位移为 2.99 mm。盾构管片最大位移出现在竖直方向，且最大位移值为 2.99 mm。

（2）开挖面超压下引起下部盾构隧道弯矩分析。

开挖面超压下引起下部盾构隧道弯矩云图见表 3.9。

表3.9　开挖面超压下引起下部盾构隧道弯矩云图

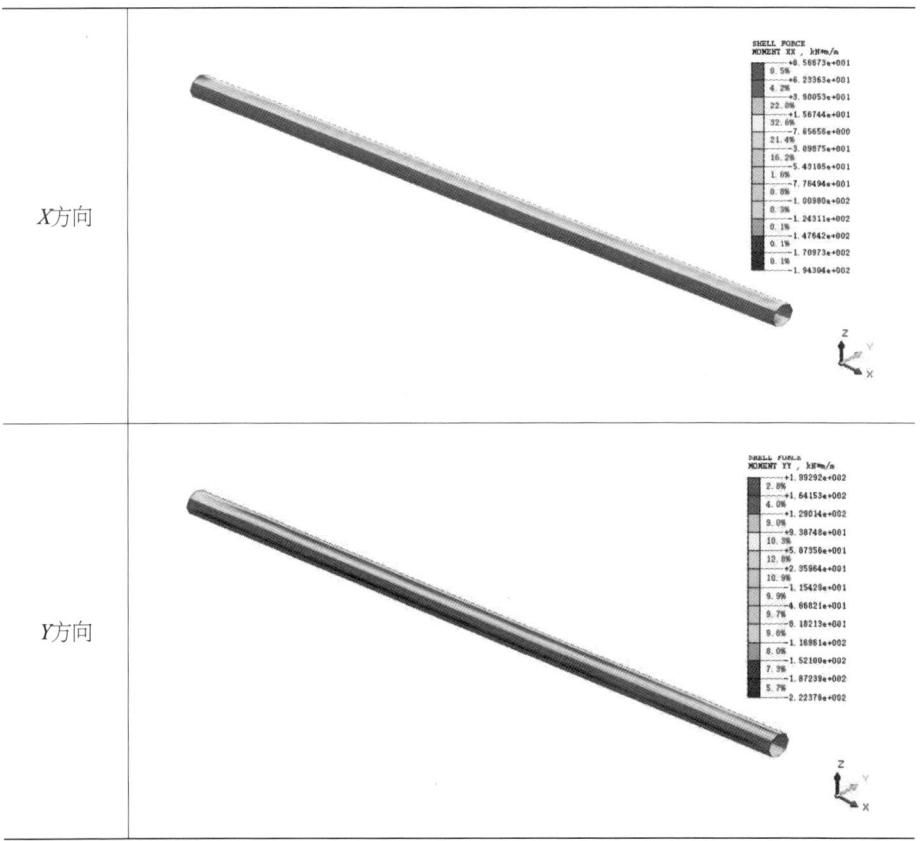

由表 3.9 弯矩云图可以看出，开挖面超压下引起下部盾构隧道 X 方向最大弯矩为 194.30 kN·m，Y 方向最大弯矩为 222.38 kN·m。

（3）开挖面超压下引起下部盾构隧道轴力分析。

开挖面超压下引起下部盾构隧道轴力云图见表 3.10。

表3.10　开挖面超压下引起下部盾构隧道轴力云图

由表 3.10 轴力云图可以看出，开挖面超压下引起下部盾构隧道 X 方向最大轴力为 1939.73 kN，Y 方向最大轴力为 2257.98 kN。

3.开挖面欠压状态下上部隧道开挖对下部隧道的影响

该模型采用 MIDAS 建模计算，计算分析步如下：

①土体及下部盾构隧道进行初始地应力平衡；

②上部隧道土体开挖及施作隧道衬砌；

③对开挖面施加欠压荷载。

（1）开挖面欠压下引起下部盾构隧道位移分析。

开挖面欠压下引起下部盾构隧道位移云图见表 3.11。

表3.11　开挖面欠压下引起下部盾构隧道位移云图

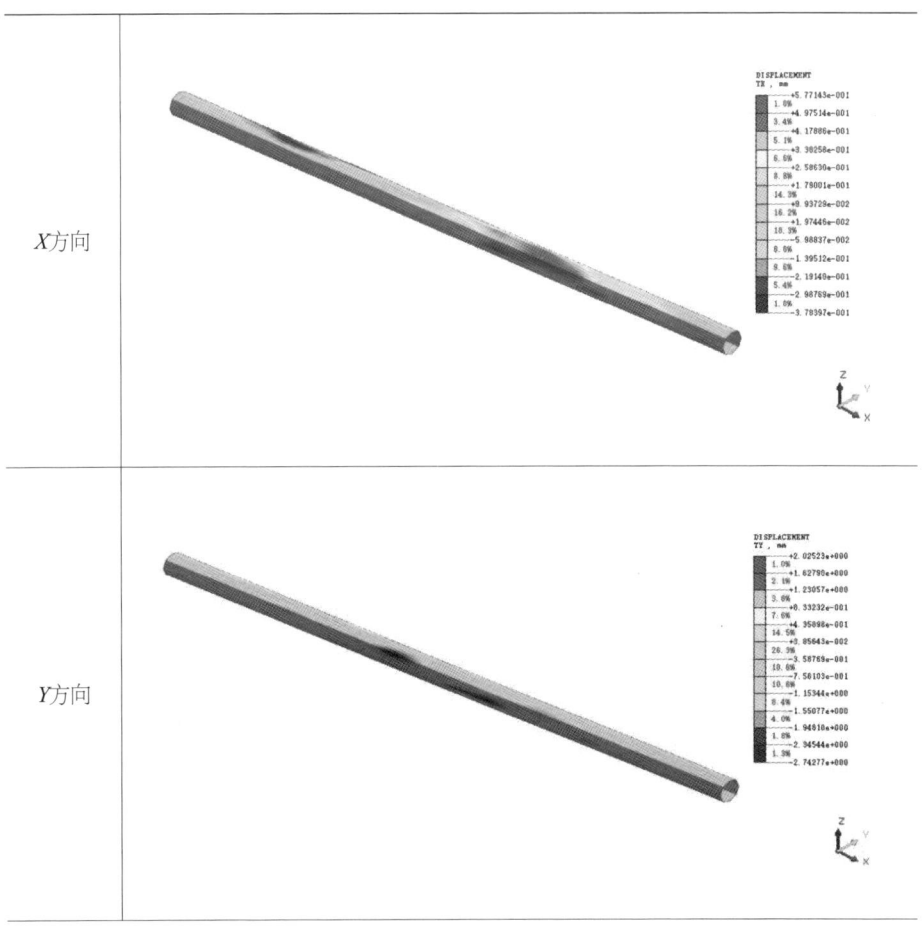

续表

Z方向	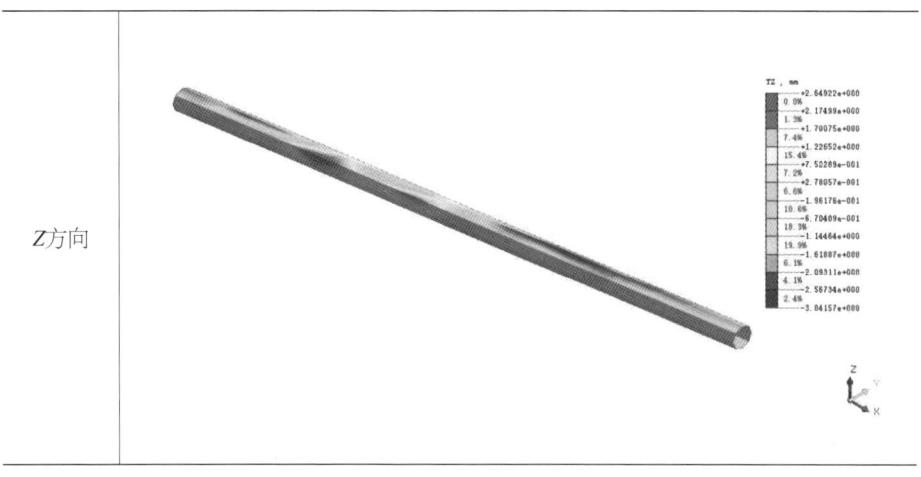

由表 3.11 位移云图可以看出，开挖面欠压下引起下部盾构隧道 X 方向最大位移为 0.58 mm，Y 方向最大位移为 2.74 mm，Z 方向最大位移为 3.04 mm。盾构管片最大位移出现在竖直方向，且最大位移值为 3.04 mm。

（2）开挖面欠压下引起下部盾构隧道弯矩分析。

开挖面欠压下引起下部盾构隧道弯矩云图见表 3.12。

表3.12　开挖面欠压下引起下部盾构隧道弯矩云图

X方向	

Y方向	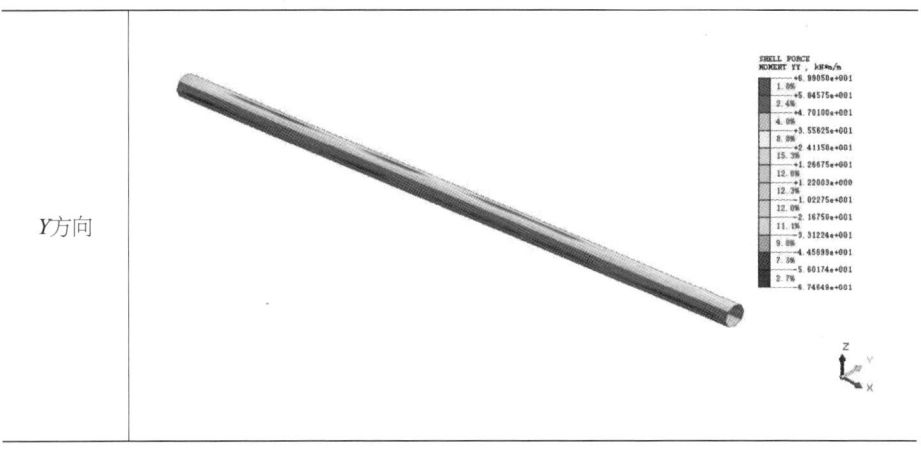

由表 3.12 弯矩云图可以看出，开挖面欠压下引起下部盾构隧道 X 方向最大弯矩为 63.33 kN·m，Y 方向最大弯矩为 69.91 kN·m。

（3）开挖面欠压下引起下部盾构隧道轴力分析。

开挖面欠压下引起下部盾构隧道轴力云图见表 3.13。

表3.13　开挖面欠压下引起下部盾构隧道轴力云图

X方向	

续表

Y 方向	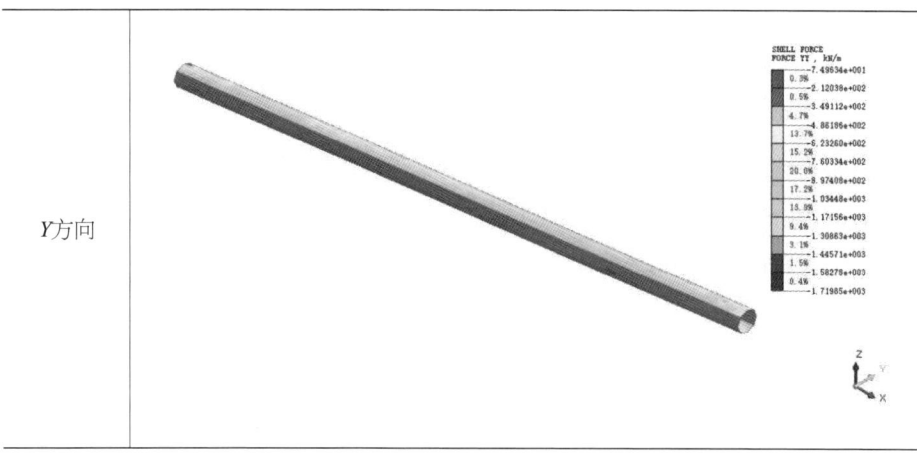

　　由表 3.13 轴力云图可以看出，开挖面欠压下引起下部盾构隧道 X 方向最大轴力为 1184.31 kN，Y 方向最大轴力为 1719.85 kN。

3.3.4　现场加固方案设计

1.既有隧道各环变形值

　　为研究上部隧道穿越施工对下部隧道不同区域的影响，选取既有隧道中三个典型断面的竖向变形值进行分析。对每环施工后三个断面的竖向变形值进行统计，可以得到不同施工环节不同位置的既有隧道的竖向变形曲线。

　　选取研究的既有隧道断面如图 3.30 所示，分别为位于新建隧道左线正下方的135 环、位于左右两线之间的 153 环以及位于右线正下方的 162 环。由于设置施工阶段较多，选取接近三个断面的 100 环施工过程作为研究对象，即图 3.30 中标注的L54 环 ~L109 环以及 R80 环 ~R135 环。

　　由图 3.31 可知，当新建隧道左线施工至 L94 环（图 3.31 中 40 环）时，隧道右线施工至初始阶段 (即图 3.30 中 R80 环)。在右线施工的扰动作用下，既有隧道发生二次变形。从图中可以看出，三个监测断面在右线开挖的影响下竖向位移增大。

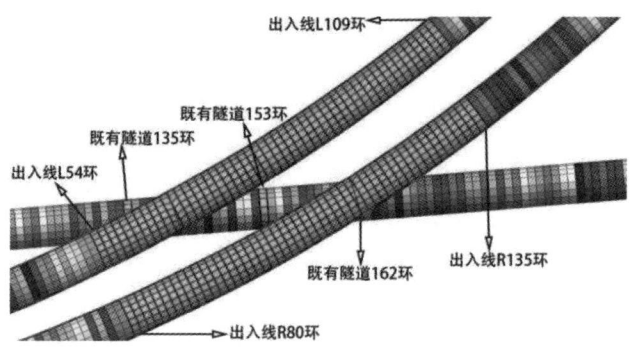

图 3.30　研究断面选取

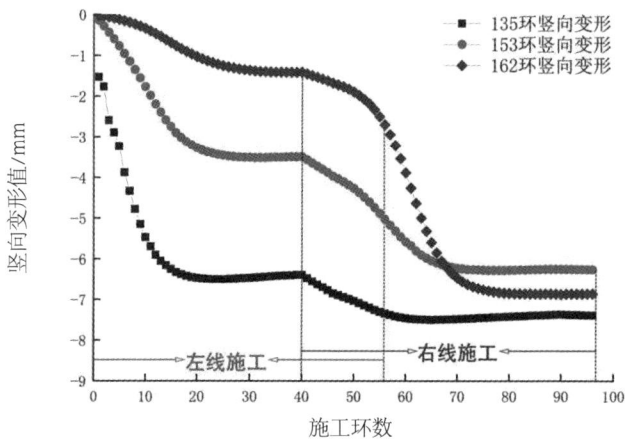

图 3.31　盾构施工竖向位移图

当施工环数为 43~50 时,上部盾构隧道右线施工至 135 环上方,由于此时盾构机位于 135 环斜上方,因此其竖向位移变化较小。施工至 52~58 环,右线盾构机位于 153 环斜上方,此时 153 环发生了一定的竖向位移,同时此时左线隧道仍在继续开挖,153 环同时受到左线施工与右线施工的影响。与 135 环相比,153 环距离右线更加接近,因此其变化趋势大于 135 环。与左线开挖造成的影响比较,两者变化趋势较为接近。与左线开挖类似,三个监测环在盾构机远离后均会产生一定的卸载回弹,此时会令既有盾构隧道管片产生二次变形,不利于隧道防护。

三个监测环最终整体呈现沉降趋势，其中盾构施工从正上方通过的 135 环及 162 环所产生的竖向变形较大，位于两个施工段中间的 153 环产生的竖向变形较小。因此可以看出，叠交角度会对下穿隧道竖向位移产生较大影响，施工段正下方的隧道管片会受到更大影响，而斜下方的隧道受到的影响较小。根据此特点，可以有选择性地对施工段正下方既有隧道进行加固，从而降低施工成本。

2.既有隧道加固模拟

根据上述分析，左线及右线的开挖均会对既有隧道产生较大影响，为保证施工顺利进行，需要对既有隧道进行加固。采取注浆加固隧道后的土体以及加固隧道管片相结合的措施，并对此工况进行模拟分析。不考虑加固方法对既有隧道管片之间的连接产生的影响，对既有隧道管片加固后的刚度进行换算，同时在既有隧道上方建立一层注浆区。隧道注浆加固模拟如图 3.32 所示，将现有隧道上部 120° 范围内的土体进行注浆加固，建立注浆加固层，并对加固后的隧道进行仿真分析。

图 3.33 为隧道加固后竖向位移图。与加固前的竖向位移图进行对比，可以看出隧道整体变化趋势未有较大变化，且同样呈现出下沉趋势，三个检测断面的最终竖向位移分别为 −4.53 mm、−3.96 mm、−4.46 mm，与加固之前的最终竖向位移 −7.39 mm、−6.26 mm 及 −6.86 mm 相比，可以看出其发生的竖向变形显著减小，说明该加固措施能够较为有效地抑制下部既有隧道的竖向变形。此外，从图中可以看

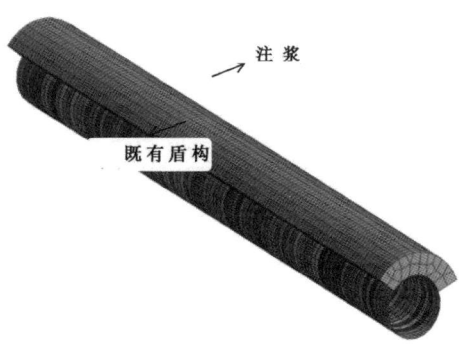

图 3.32　隧道注浆加固模拟

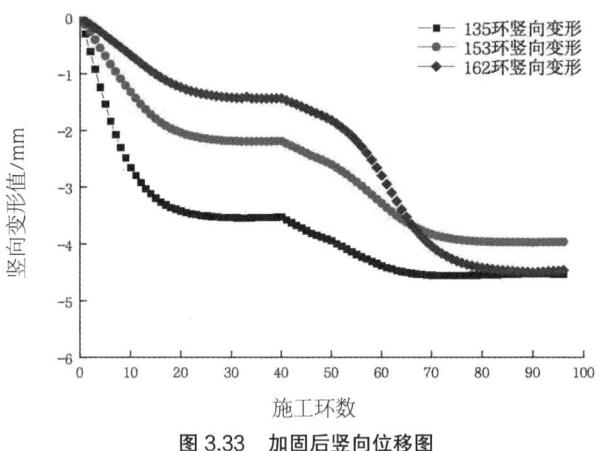

图 3.33　加固后竖向位移图

出，三个监测管片环的最终竖向位移值更为接近，尤其是 135 环与 162 环，两者的竖向位移近乎相等。加固后的既有隧道竖向位移在施工完成后回弹趋势更小，而以 135 环为例，当右线施工远离隧道断面（即图 3.31 中 65 环）后，隧道立即发生回弹，其回弹值与之前相比有所减小，可以看出加固措施可以较为有效地抑制隧道的变形。

3.既有隧道管片现场加固

根据上述模拟结果，对既有隧道的加固提出建议，一般而言，隧道管片自身的加固可以增加管片的抗变形能力，减少隧道自身产生的变形。其一般采用的方法是在已有支护的基础上再添加一层支护，但此加固方法耗费人力、物力较大。考虑到本项目中的既有盾构隧道仍未开通运营，因此在既有隧道内部布设由 I20b 工字钢及 10 槽钢焊接而成的钢支撑环进行加固，如图 3.34 所示。既有隧道上部土体的加固则可以降低上部施工对下部隧道的影响，为了加强既有隧道与新建隧道之间土体的强度，减轻上部隧道施工对既有隧道的扰动程度，对既有隧道拱顶壁后 120°范围内的土体进行了注浆加固，加固采用的浆液是水泥水玻璃双液注浆材料。

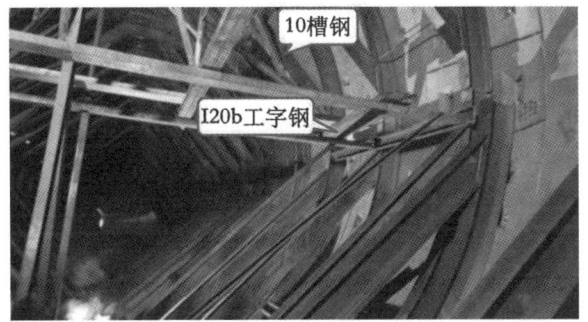

（a）钢支撑现场布置

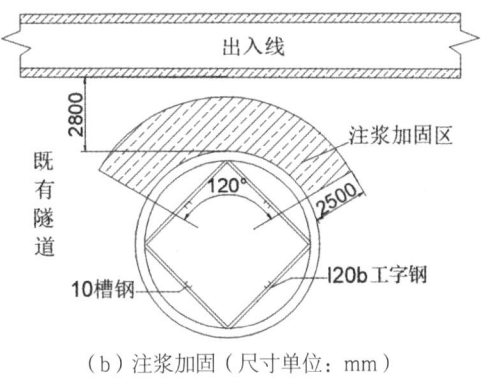

（b）注浆加固（尺寸单位：mm）

图 3.34　既有隧道加固措施

3.4　本 章 小 结

1.开挖面常压下上部隧道开挖对下部隧道的影响

（1）开挖面常压下引起下部盾构隧道 X 方向最大位移为 0.22 mm，Y 方向最大位移为 1.50 mm，Z 方向最大位移为 2.07 mm。盾构管片最大位移出现在竖直方向，且最大位移值为 2.07 mm。

（2）开挖面常压下引起下部盾构隧道 X 方向最大弯矩为 204.33 kN·m，Y 方向最大弯矩为 215.39 kN·m。

（3）开挖面常压下引起下部盾构隧道 X 方向最大轴力为 1837.80 kN，Y 方向最大轴力为 2250.42 kN。

2.开挖面超压下上部隧道开挖对下部隧道的影响

（1）开挖面超压下引起下部盾构隧道 X 方向最大位移为 0.34 mm，Y 方向最大位移为 2.89 mm，Z 方向最大位移为 2.99 mm。盾构管片最大位移出现在竖直方向，且最大位移值为 2.99 mm。

（2）开挖面超压下引起下部盾构隧道 X 方向最大弯矩为 194.30 kN·m，Y 方向最大弯矩为 222.37 kN·m。

（3）开挖面超压下引起下部盾构隧道 X 方向最大轴力为 1939.73 kN，Y 方向最大轴力为 2257.98 kN。

3.开挖面欠压下上部隧道开挖对下部隧道的影响

（1）开挖面欠压下引起下部盾构隧道 X 方向最大位移为 0.58 mm，Y 方向最大位移为 2.74 mm，Z 方向最大位移为 3.04 mm。盾构管片最大位移出现在竖直方向，且最大位移值为 3.04 mm。

（2）开挖面欠压下引起下部盾构隧道 X 方向最大弯矩为 63.32 kN·m，Y 方向最大弯矩为 69.90 kN·m。

（3）开挖面欠压下引起下部盾构隧道 X 方向最大轴力为 1184.31 kN，Y 方向最大轴力为 1719.85 kN。

综上可知，相比较于超压以及欠压状态下，当开挖面处于常压状态下，此时上部隧道施工对下部隧道的影响较小，隧道发生的位移值较超压以及欠压状态都会有所降低。因此，精准控制盾构机土仓内的土压力对于盾构施工具有极其关键的意义。

第4章

盾构隧道施工对周边
环境扰动规律研究

盾构隧道施工时不可避免会对地层产生扰动，可能会对周边环境产生不利影响，为探究盾构施工对于周围环境的影响规律，本章采用 PLAXIS 3D 建立了盾构隧道 - 建筑物三维有限元模型，模拟了盾构施工过程，并结合南昌地铁 3 号线现场监测数据验证了模型的准确性。在此基础上探究了南昌典型地层盾构隧道施工过程中，盾尾注浆压力、掌子面压力及建筑物与隧道间距对于地表及邻近建筑物变形的影响情况，并依托现场掘进数据，选取刀盘转速、推进速度、总推力、刀盘扭矩、上部土压力、注浆量、注浆压力以及地层指标作为输入参数，基于随机森林算法构建了盾构隧道地表沉降预测模型。

4.1 工程概况

南昌地铁 3 号线全长 28.5 km，整体采用地下敷设方式，共设 22 座车站，平均站间距为 1.34 km，最大站间距为 1888.166 m，最小站间距为 432.6 m。其中，国威路站—青山湖西站区间线路左、右线均为两条分修的单线隧道，线间距为 14.0~17.0 m，轨面标高为 0.87~2.91 m，隧道拱顶埋深为 10.4~11.4 m。隧道洞径为 6 m，轨面埋深为 16.7 m。沿线周边环境主要为居民区、城市道路等，道路两边地下管线较为复杂。

本章选取国威路站—青山湖西站段部分盾构区间，盾构区间平面图如图 4.1 所示。邻近建筑物选取位于隧道左侧最近的建筑，该建筑结构为独立基础，基础埋深 2.5 m，距左线隧道轴线间距 11 m，整体结构为钢筋混凝土框架结构，长 50 m，宽 10 m，地上 5 层，层高 3.6 m。

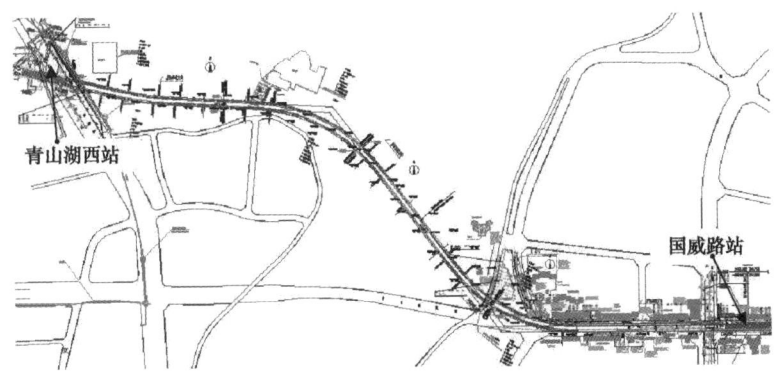

图 4.1　国威路站—青山湖西站盾构区间平面图

4.2　有限元模拟概述

4.2.1　模型建立与材料参数选取

为探究盾构隧道施工对地表及邻近建筑的影响情况，利用 PLAXIS 3D 有限元软件依据上述工程建立了双线平行盾构隧道 - 建筑物三维有限元模型（图 4.2）。

双线平行隧道轴线水平间距 14 m，隧道顶部距地表 11.5 m，隧道外径 6 m，内径 5.4 m，管片厚度 0.3 m，管片宽度 1.5 m，盾构区间土层为南昌典型土层，主要有表填土、粉质黏土、中砂、粗砂、砾砂、中风化泥质粉砂岩，盾构隧道洞身主要穿越砾砂层。邻近建筑物参考计算区间实际房屋情况，建筑物与左线隧道轴线间距 11 m，整体结构为钢筋混凝土框架结构，长 50 m，宽 10 m，地上 5 层，层高 3.6 m，建筑物柱截面尺寸为 0.5 m × 0.5 m，梁截面尺寸为 0.25 m × 0.4 m，建筑物基础形式为独立基础，基底尺寸为 1.8 m × 2.0 m，基础厚 1.5 m，埋深 2.4 m。为消除边界效应影响，计算模型沿隧道纵向（Y 方向）取 96 m、隧道横向（X 方向）取 80 m、竖直方向（Z 方向）取 48 m。隧道与建筑物相对位置示意图如图 4.3 所示。

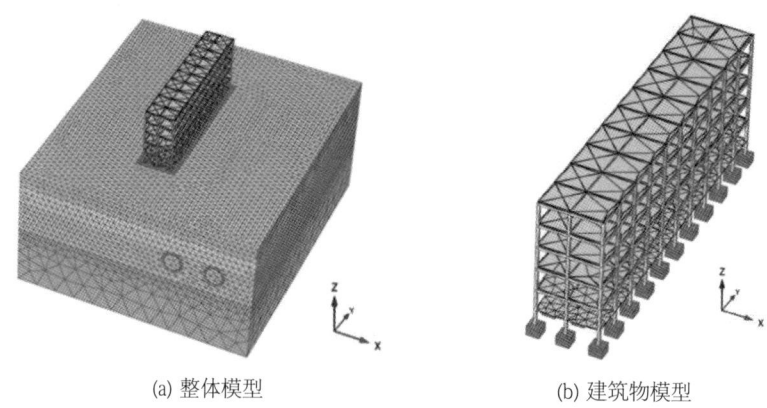

(a) 整体模型　　　　　　　　　　　　(b) 建筑物模型

图 4.2　盾构隧道－建筑物三维有限元模型

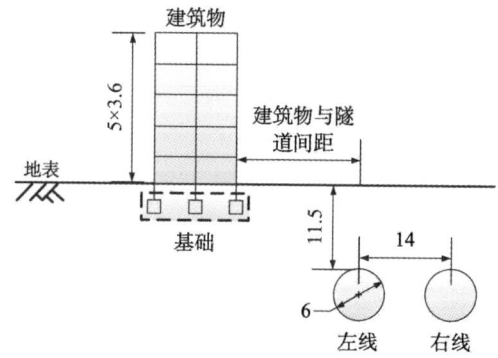

图 4.3　隧道与建筑物相对位置示意图（单位：m）

在建模过程中，盾构机外壳采用壳单元模拟，衬砌、建筑物框架及基础均采用三维实体单元建模，建筑楼板采用板单元模拟，模型采用"生死单元"模拟盾构开挖过程，同时通过对周围土体同步施加径向压力模拟不同盾尾注浆压力，以面荷载模拟掌子面压力和盾构顶推力，盾构机及建筑物材料参数见表 4.1。模型假定土体为均质，土体模型采用土体硬化模型，各土层物理力学参数主要通过工程资料获取，相关参数见表 4.2。

表4.1　盾构机及建筑物材料参数

构件	厚度/m	$\gamma/(kN/m^3)$	E/MPa	ν
盾构机	0.35	78	2.00×10^5	0.20
衬砌	0.30	25	3.45×10^4	0.15
柱、梁	—	25	3.00×10^4	0.20
基础	—	25	3.15×10^4	0.15
楼板	0.10	25	2.55×10^4	0.20

表4.2　土层物理力学参数

土层	厚度/m	$\gamma/(kN/m^3)$	E_{50}^{ref}/kPa	E_{oed}^{ref}/kPa	E_{ur}^{ref}/kPa	c'/kPa	$\varphi'/(°)$	ν
表填土	3.0	17.8	7.38×10^3	6.15×10^3	4.303×10^4	10	8	0.30
粉质黏土	2.0	18.8	9.22×10^3	7.69×10^3	5.378×10^4	12	24	0.30
中砂	2.0	19.6	1.707×10^4	1.707×10^4	6.829×10^4	0	30	0.29
粗砂	4.0	19.7	2.135×10^4	2.135×10^4	8.539×10^4	0	33	0.28
砾砂	10.0	19.8	2.564×10^4	2.564×10^4	1.026×10^5	0	27	0.27
中风化泥质粉砂岩	9.0	23.1	3.604×10^6	3.003×10^6	2.102×10^7	210	39.17	0.31

4.2.2　有限元模型验证

为验证上述模型的准确性，以南昌地铁 3 号线国威路站—青山湖西站段地表沉降现场监测数据对模型仿真结果进行验证。在盾构施工实际过程中，为对地表沉降进行实时监测，在隧道轴线位置沿横向分别布置了若干监测点，地表沉降监测点布置如图 4.4 所示，南昌地铁盾构施工地表沉降横向监测实测值与数值计算结果对比情况如图 4.5 所示。

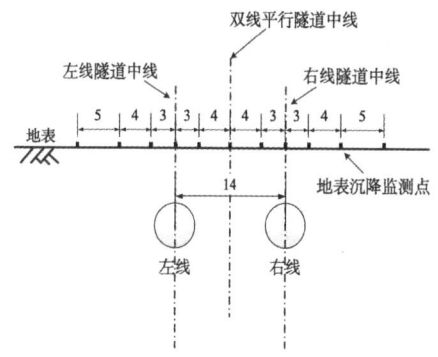

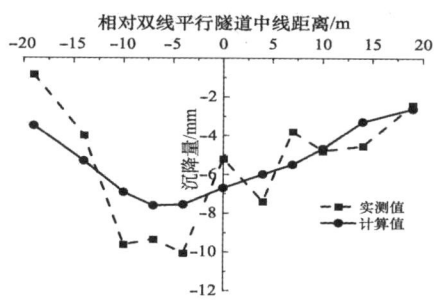

图 4.4　地表沉降监测点布置示意图（单位：m）　　图 4.5　地表沉降实测值与数值计算结果对比

从图 4.5 中可以看出，数值计算结果与实测值变化趋势吻合度较高，差值较小。对于邻近建筑物沉降，实测近隧道一侧中点位置沉降为 5.93 mm，数值计算结果为 6.615 mm，计算误差为 0.685 mm，地表沉降与建筑物沉降偏差均在合理范围内。上述验证结果证明了数值模拟的合理性及正确性，该模型可用于后续研究。

4.3　双线盾构隧道施工对地表沉降与邻近建筑物影响分析

为探究盾构隧道施工对周围土体产生扰动所引发地表及周边建筑物沉降变形的影响规律，基于上述建立的三维模型，本节考虑盾尾注浆压力、掌子面压力以及建筑物与隧道间距 3 个主要影响因素。采用控制变量法，分析不同因素对于地表沉降及周围建筑物的影响情况，具体研究方案如表 4.3 所示。

表4.3　盾构隧道开挖影响分析方案设置

影响因素	隧道埋深/m	盾尾注浆压力/kPa	掌子面压力/kPa	建筑物与隧道间距/m
盾尾注浆压力	11.5	150/200/250/300/350/400/450	300	11
掌子面压力	11.5	300	150/200/250/300/350/400/450	11
建筑物与隧道间距	11.5	300	300	11/15/20

4.3.1　地表横向沉降分析

由于盾构隧道施工会对周边土体产生较大的扰动，进而引发土体位移，最终引发地表沉降，故针对盾尾注浆压力、掌子面压力以及建筑物与隧道间距 3 个因素影响下的地表的沉降规律展开细致研究，计算结果分别如图 4.6~ 图 4.8 所示，各因素影响敏感性分析结果如表 4.4 所示。

1.盾尾注浆压力影响分析

分析盾构隧道施工过程中盾尾注浆压力对于地表横向沉降的影响时，通过对周围土体同步施加径向压力以模拟不同盾尾注浆压力，分别取盾尾注浆压力为 150 kPa、200 kPa、250 kPa、300 kPa、350 kPa、400 kPa、450 kPa，隧道埋深 11.5 m，掌子面压力 300 kPa，建筑物与隧道间距 11 m。盾构施工过程中地表横向沉降数值计算结果如图 4.6 所示。

由图 4.6 可知，随着盾尾注浆压力的增大，盾构隧道施工引发的地表横向沉降量逐渐减小，横向沉降曲线的曲率逐渐增大；隧道左线附近地表沉降量较右线更大。

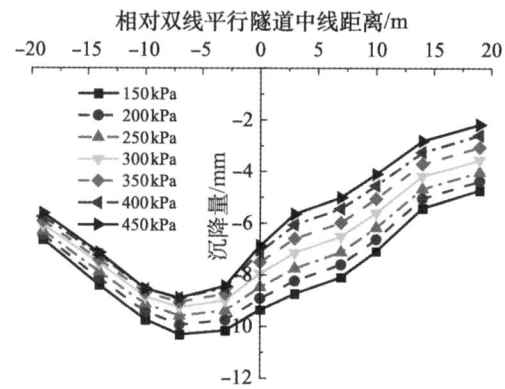

图 4.6　不同盾尾注浆压力影响下的地表横向沉降量

2.掌子面压力影响分析

为分析盾构隧道施工时掌子面压力对于地表横向沉降的影响，分别取掌子面压力为 150 kPa、200 kPa、250 kPa、300 kPa、350 kPa、400 kPa、450 kPa，隧道埋深 11.5 m，盾尾注浆压力 300 kPa，建筑物与隧道间距 11 m。沿隧道掘进方向中间位置地表横向沉降数值计算结果如图 4.7 所示。

从图 4.7 中可以看出，随着掌子面压力的增大，隧道左线附近的地表沉降量逐渐增大，隧道右线附近地表沉降趋势则与左线相反，这可能是由于隧道左线先施工，

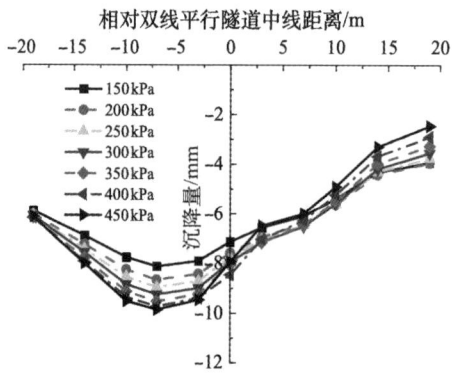

图 4.7　不同掌子面压力影响下的地表横向沉降量

其对土体施加的掌子面压力对右线范围内的土体产生了扰动，致使右线范围内土体压密，继而导致此后右线开挖时沉降量较左线显著减小。

3.建筑物与隧道间距影响分析

为分析盾构隧道施工时邻近建筑物与隧道间距对于地表横向沉降的影响，取建筑物与隧道间距为 11 m、15 m、20 m，隧道埋深 11.5 m、盾尾注浆压力 300 kPa 及掌子面压力 300 kPa。沿隧道掘进方向中间位置地表横向沉降数值计算结果如图 4.8 所示。

由图 4.8 可知，盾构隧道施工时地表沉降会受到邻近建筑的影响，不同间距建筑物对于地表沉降影响的最大差值为 0.875 mm；盾构隧道邻近建筑物施工时，靠近建筑物一侧的地表沉降受建筑物的影响较大，而远离建筑物一侧所受的影响程度基本可以忽略。

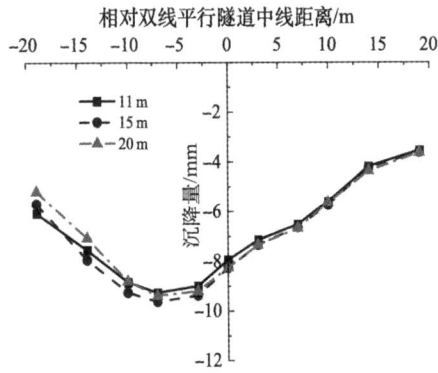

图 4.8　不同建筑物与隧道间距影响下的地表横向沉降量

4.敏感性分析

表 4.4 为各因素对于地表横向沉降影响敏感性分析结果，从表 4.4 中可以看出，掌子面压力对于地表横向沉降影响的极差最大，为 1.737；建筑物与隧道间距极差最小，仅 0.127。各影响因素敏感性由大到小为掌子面压力、盾尾注浆压力、建筑物与隧道间距。

表4.4   地表横向沉降因素敏感性分析

影响因素	盾尾注浆压力	掌子面压力	建筑物与隧道间距
最大	−10.317	−9.858	−9.378
最小	−8.888	−8.121	−9.251
极差	1.429	1.737	0.127
敏感性大小	掌子面压力 > 盾尾注浆压力 > 建筑物与隧道间距		

4.3.2   建筑物最大沉降分析

在盾构隧道施工时会对周边土体产生较大的扰动，进而引发土体位移，极易导致周边建筑物发生沉降变形，故对盾尾注浆压力、掌子面压力以及建筑物与隧道间距3个因素影响下的建筑物沉降规律展开研究，计算结果分别如图4.9~ 图4.11 所示，各因素影响敏感性分析结果如表 4.5 所示。

1.盾尾注浆压力影响分析

为分析盾构隧道施工时盾尾注浆压力对于邻近建筑物沉降的影响，取盾尾注浆压力为 150 kPa、200 kPa、250 kPa、300 kPa、350 kPa、400 kPa、450 kPa，隧道埋深 11.5 m，掌子面压力 300 kPa，建筑物与隧道间距 11 m。沿隧道掘进方向建筑物最大沉降数值计算结果如图 4.9 所示。

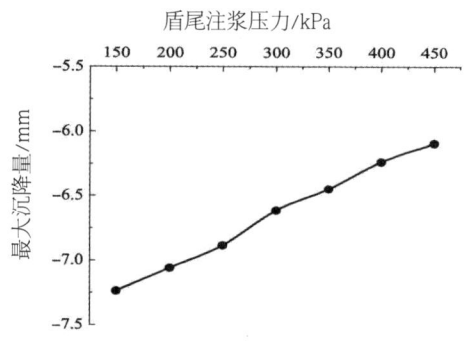

图 4.9   不同盾尾注浆压力影响下的建筑物最大沉降量

由图 4.9 可知，建筑物最大沉降量与盾尾注浆压力呈负相关，随盾尾注浆压力的增大，建筑物最大沉降量逐渐减小；盾尾注浆压力由 150 kPa 增大至 450 kPa 时，建筑物最大沉降量由 7.237 mm 减小至 6.093 mm，沉降衰减 15.8%，在盾构隧道施工时在安全范围内适当增大盾尾注浆压力，可有效减小邻近建筑物的沉降变形。

2.掌子面压力影响分析

为分析盾构隧道施工时掌子面压力对于邻近建筑物沉降的影响，取掌子面压力为 150 kPa、200 kPa、250 kPa、300 kPa、350 kPa、400 kPa、450 kPa，隧道埋深 11.5 m，盾尾注浆压力 300 kPa，建筑物与隧道间距 11 m。沿隧道掘进方向建筑物最大沉降数值计算结果如图 4.10 所示。

从图 4.10 中可以看出，建筑物最大沉降量与掌子面压力呈正相关，即随着掌子面压力的增大，建筑物最大沉降量呈增大趋势，当掌子面压力由 150 kPa 增大至 450 kPa 时，建筑物最大沉降量由 6.355 mm 增长至 6.816 mm，最大沉降量增长了 7.3%。盾构施工时，适当降低掌子面压力，可在一定程度上减小建筑物沉降，减小对建筑物的扰动。

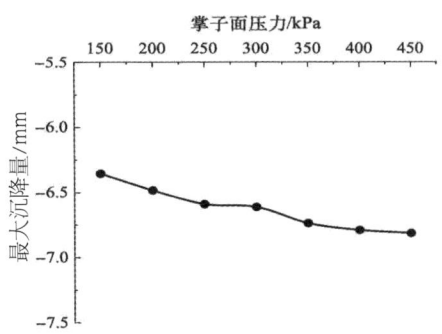

图 4.10　不同掌子面压力影响下的建筑物最大沉降量

3.建筑物与隧道间距影响分析

为分析盾构隧道施工对于邻近不同间距建筑物沉降的影响，取建筑物与隧道间距为 11 m、15 m、20 m，隧道埋深 11.5 m，掌子面压力 300 kPa，盾尾注浆压力

300 kPa。沿隧道掘进方向建筑物最大沉降数值计算结果如图 4.11 所示。

从图 4.11 中可以看出，当盾构隧道逐渐远离建筑物时，盾构隧道施工引发的建筑物最大沉降量快速减小；建筑物与隧道间距由 11 m 增大至 15 m 时，建筑物最大沉降量衰减 0.124 mm，衰减速率约为 1.9%，而当建筑物与隧道间距继续增大至 20 m 时，建筑物最大沉降量继续衰减 1.029 mm，衰减速率约为 15.8%，建筑物沉降量衰减速率随建筑物与隧道间距的增大而快速增大。

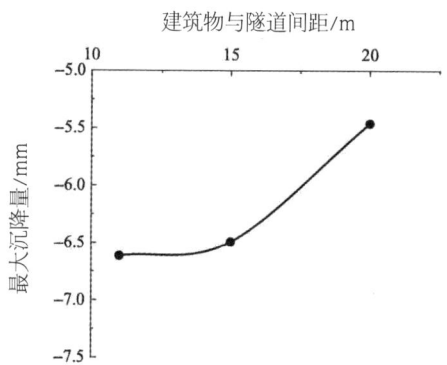

图 4.11　不同建筑物与隧道间距影响下的建筑物最大沉降量

4.敏感性分析

表 4.5 为各因素对于建筑物最大沉降影响敏感性分析结果，由表 4.5 可知，建筑物与隧道间距对最大沉降影响最大，极差为 1.153；掌子面压力影响最小，极差仅 0.461。各影响因素敏感性由大到小为建筑物与隧道间距、盾尾注浆压力、掌子面压力。

表4.5　建筑物最大沉降因素敏感性分析

影响因素	盾尾注浆压力	掌子面压力	建筑物与隧道间距
最大	−7.237	−6.816	−6.615
最小	−6.093	−6.355	−5.462
极差	1.144	0.461	1.153
敏感性大小	建筑物与隧道间距 > 盾尾注浆压力 > 掌子面压力		

4.3.3　建筑物倾斜分析

邻近地铁沿线的建筑物在受到盾构施工的影响时，由于地表发生的不均匀沉降，建筑物极易整体倾斜，此时建筑物上部重心向倾斜方向转移，进而导致建筑物基础受力不均，最终将引发建筑物损伤[19]。因此，本节主要从建筑物倾斜角度分析盾构隧道施工对邻近建筑物的影响。建筑物倾斜量计算示意图如图 4.12 所示，建筑物倾斜量计算公式见式 (4-1)：

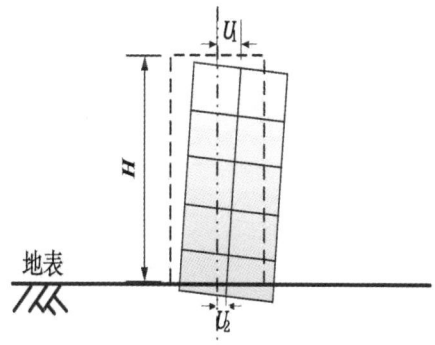

图 4.12　建筑物倾斜量计算示意图

$$w=\frac{U_1-U_2}{H}\qquad(4\text{-}1)$$

式中：w 为建筑物倾斜量（mm/m）；U_1 为建筑物顶层水平位移（mm）；U_2 为建筑物底层水平位移（mm）；H 为建筑物高度（m）。

本书这里对盾尾注浆压力、掌子面压力以及建筑物与隧道间距 3 个因素对于建筑物倾斜的影响规律进行分析，计算结果分别如图 4.13~ 图 4.15 所示，各因素影响敏感性分析结果如表 4.6 所示。

1.盾尾注浆压力影响分析

为分析盾构隧道施工时盾尾注浆压力对于邻近建筑物倾斜的影响，取盾尾注浆压力为 150 kPa、200 kPa、250 kPa、300 kPa、350 kPa、400 kPa、450 kPa，隧道埋深 11.5 m，掌子面压力 300 kPa，建筑物与隧道间距 11 m。不同盾尾注浆压力对邻近建筑物倾斜影响数值计算结果如图 4.13 所示。

由图 4.13 可以看出，随着盾构隧道施工的盾尾注浆压力的增大，邻近建筑物倾斜程度逐渐减小，且倾斜程度的衰减速率整体呈增大趋势；盾尾注浆压力由 150 kPa 增大至 450 kPa 时，建筑物倾斜量从 0.366 mm/m 减小至 0.268 mm/m。盾构隧道施工时，盾尾注浆压力对于邻近建筑物倾斜影响较大，在施工时可适当增大盾尾注浆压力，有效减小对建筑物倾斜变形的危害。

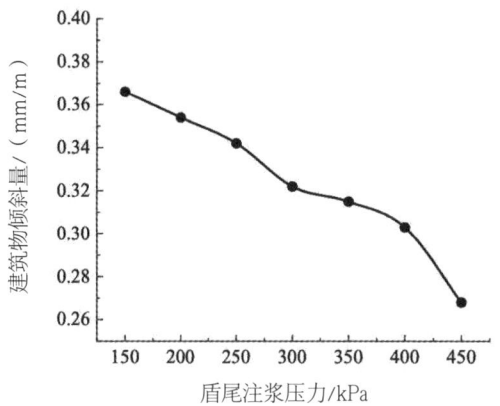

图 4.13 不同盾尾注浆压力影响下的建筑物倾斜量

2.掌子面压力影响分析

为分析盾构隧道施工时掌子面压力对于邻近建筑物倾斜的影响，取掌子面压力为 150 kPa、200 kPa、250 kPa、300 kPa、350 kPa、400 kPa、450 kPa，隧道埋深 11.5 m，盾尾注浆压力 300 kPa，建筑物与隧道间距 11 m。不同掌子面压力对邻近建筑物倾斜影响数值计算结果如图 4.14 所示。

由图 4.14 可知，建筑物倾斜与掌子面压力呈正相关，随着掌子面压力的增大，邻近建筑物倾斜量逐渐增大，整体增长速率呈减小趋势；当掌子面压力由 150 kPa 增大至 450 kPa 时，邻近建筑物倾斜量由 0.279 mm/m 增大至 0.355 mm/m，其对邻近建筑物倾斜的影响相较于盾尾注浆压力影响程度更小。

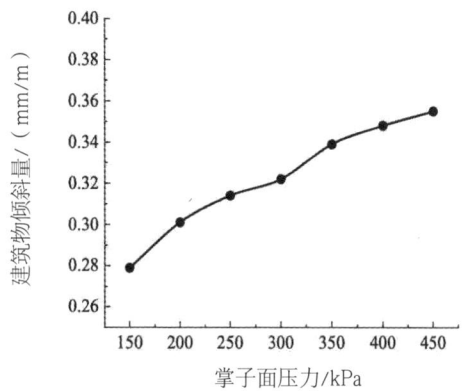

图 4.14　不同掌子面压力影响下的建筑物倾斜量

3.建筑物与隧道间距影响分析

为分析盾构隧道施工对邻近建筑物倾斜的影响，取建筑物与隧道间距为 11 m、15 m、20 m，隧道埋深 11.5 m，盾尾注浆压力 300 kPa，掌子面压力 300 kPa。不同建筑物与隧道间距对邻近建筑物倾斜影响数值计算结果如图 4.15 所示。

从图 4.15 中可以看出，邻近建筑物倾斜程度和建筑物与隧道间距呈线性负相关，随着建筑物与隧道间距的增大，建筑物倾斜量线性减小；当建筑物与隧道间距由 11 m 增大至 20 m 时，建筑物倾斜量由 0.322 mm/m 减小至 0.165 mm/m，建筑物倾斜量衰减速率约为 48.8%，建筑物与隧道间距对于建筑物倾斜的影响较大。

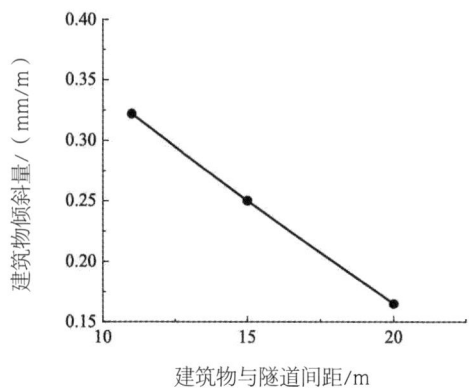

图 4.15　不同建筑物与隧道间距影响下的建筑物倾斜量

4.敏感性分析

表 4.6 为各因素对于建筑物倾斜影响敏感性分析结果，从表 4.6 中可以发现，建筑物与隧道间距对于建筑物倾斜的影响最大，极差为 0.157；掌子面压力影响最小，极差仅 0.076。各影响因素敏感性由大到小为建筑物与隧道间距、盾尾注浆压力、掌子面压力。

表4.6　建筑物倾斜因素敏感性分析

影响因素	盾尾注浆压力	掌子面压力	建筑物与隧道间距
最大	0.366	0.355	0.322
最小	0.268	0.279	0.165
极差	0.106	0.076	0.157
敏感性大小	建筑物与隧道间距 > 盾尾注浆压力 > 掌子面压力		

4.4　随机森林算法模型构建

4.4.1　数值模型建立

随机森林 (random forest，RF) 算法由 Leo Breiman 等于 2001 年提出，其建模流程如图 4.16 所示。该算法由大量决策树组成，不同决策树可以并行训练，大大提高了算法的训练效率，在预测开始时，从训练集中有放回地抽取 n 组数据，每组中选取不同特征组成 n 棵决策树进行回归预测，然后将所有决策树的预测结果进行综合平均得到最终的预测结果。随机森林算法在原有决策树算法基础上进行了改进和整理，具有适用性好、对于训练数据具有较好的抗噪性、可视性高、运算效率很高且准确性较高等优点，可以很好地处理基础分类器的决策偏移及复杂过程模型的编码困难问题。

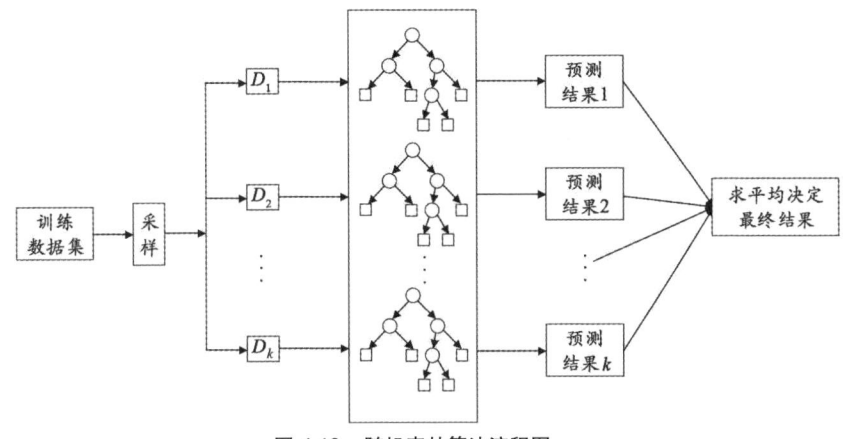

图 4.16　随机森林算法流程图

4.4.2　输入输出参数选择

　　南昌地铁 3 号线所选用的盾构机为土压平衡盾构机，盾构设备包含九个子系统，每个子系统包含不同传感器，具体分类如表 4.7 所示。在这些运行数据中膨胀土用量、泡沫混合剂用量等参数容易受到操作人员的主观影响，故本研究不考虑这些参数对地表沉降的影响。刀盘系统和推进系统中的刀盘转速、刀盘扭矩、总推力等参数是盾构机掘进过程中的关键参数。因此本节主要选取刀盘转速、推进速度、总推力、刀盘扭矩、注浆量和注浆压力作为输入参数，同时选取上部土压力和地层指标等理论上可以影响隧道施工地表沉降的参数作为输入变量，共计 8 个输入参数，其中地层指标采用平均弹性模量进行表述，输出变量为该施工环地表最大沉降。所有数据以监测点为单位储存。

表4.7　盾构机参数表

盾构子系统	详细参数
刀盘系统	刀盘形式、刀盘功率、刀盘转速、刀盘扭矩……
推进系统	总推力、推进速度、位移传感器数量……
注浆系统	注浆量、注浆压力、注浆泵数量……

盾构子系统	详细参数
排土系统	螺机泵压力、螺机转速、螺机扭矩……
电气系统	总功率、功率因素、频率……
管片安装系统	管片逆转角度、管片顺转角度……
密封润滑系统	HBW内密封压力、HBW外密封压力……
辅助系统	超挖量、H_2S含量、CH_4含量……
渣土改良系统	膨润土压力、空气流量实测值、泡沫流量实测值……

4.4.3　训练模型预测结果分析

选取南昌地铁 3 号线某区间左线 82 个、右线 80 个沉降监测点的监测数据进行分析，为方便数据处理，将沉降监测点监测数据按照施工时间顺序编号并取前 80% 的数据作为训练集，剩余 20% 的数据作为测试集。利用 Python3.6 建立随机森林模型对地表沉降进行预测，随机森林回归模型的预测结果计算公式为：

$$f_r(x)=\frac{1}{k}\sum_{i=1}^{k}h_i(x) \tag{4-2}$$

式中：$f_r(x)$ 代表随机森林回归模型的预测值，$h_i(x)$ 代表单个回归树模型的预测值。选用误差函数 Error(x) 和拟合优度 R^2 两个模型评价指标对模型预测效果进行评价，Error(x) 的值越小，说明预测模型性能越好；R^2 越接近 1，预测模型精度越高。其数学表达式分别为：

$$Error(x)=\frac{1}{N}\left[\sum_{i=1}^{N}(y_i-\hat{y}_i)^2\right]^{\frac{1}{2}} \tag{4-3}$$

$$R^2=\frac{SSR}{SST}=1-\frac{SSE}{SST}=1-\frac{\sum_{i=1}^{N}(\hat{y}_i-y_i)^2}{\sum_{i=1}^{N}(y_i-\bar{y}_i)^2} \tag{4-4}$$

式中：y_i 和 $\hat{y_i}$ 分别为实际值和预测值；N 为预测样本数；$\bar{y_i}$ 为测试集样本数据真实值的平均值。

图 4.17 为利用左线数据训练得出的左线隧道模型训练集及测试集输出值与实际值的对比，图 4.18 为利用右线数据训练得出的右线隧道模型训练集及测试集输出值与实际值的对比。由图 4.17、图 4.18 可知，本节使用的随机森林预测模型输出的地表沉降预测值与实测沉降值整体趋势类似，模型表现较好，可以满足盾构隧道施工中对于地表沉降的预测。而左线隧道模型对于沉降值超过 18 mm 的数据点预测结果

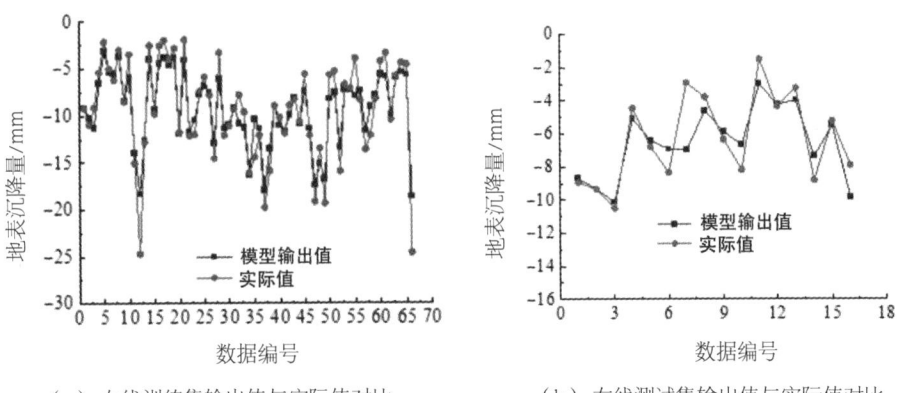

（a）左线训练集输出值与实际值对比　　　　（b）左线测试集输出值与实际值对比

图 4.17　左线隧道模型输出值与实际值对比

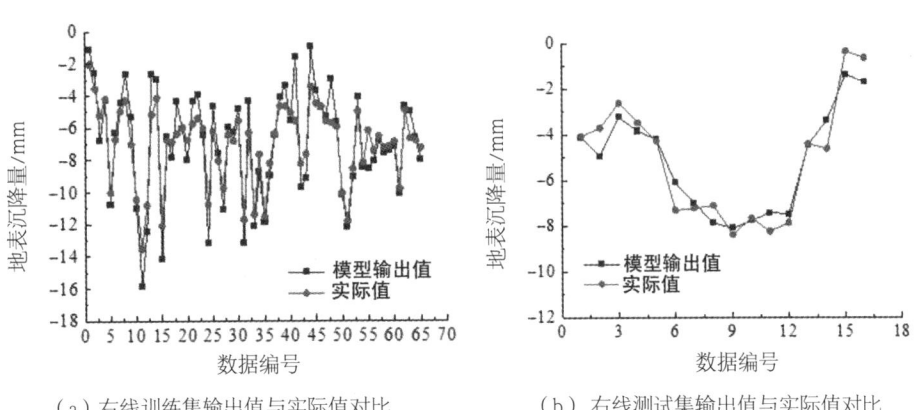

（a）右线训练集输出值与实际值对比　　　　（b）右线测试集输出值与实际值对比

图 4.18　右线隧道模型输出值与实际值对比

相对略差，说明该模型对较大沉降观测点的适应性较差，另外现场采集的掘进数据可能因设备等原因存在异常值，而后续数据处理中未完全清除异常值，导致预测误差。

表4.8为左右线预测模型测试集预测误差，由表4.8可见，左线模型与右线模型均有较好拟合优度和较小误差，预测准确率较高。其中右线模型的误差比左线模型更小，这主要是由于左线隧道距离地表建筑更近，且右线模型平均沉降值较左线模型更小。为进一步研究左、右线隧道沉降规律，将左线数据作为训练集，预测右线地表沉降值，同时将右线数据作为训练集，预测左线地表沉降值，分别将左、右线模型预测输出结果与实际监测数据进行对比，如图4.19、图4.20所示。

表4.8　不同模型预测误差对比

模型	Error(x)	R^2
左线	0.463692	0.693
右线	0.186065518	0.7

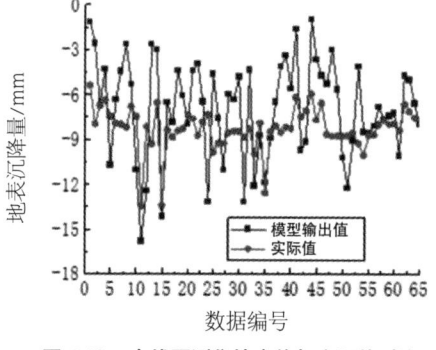

图 4.19　右线预测集输出值与实际值对比

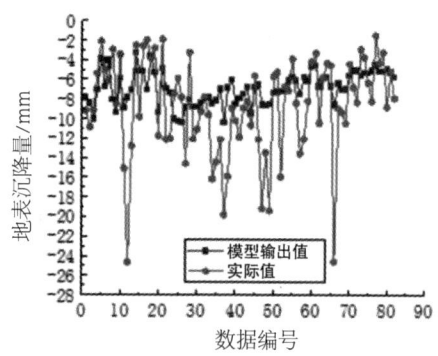

图 4.20　左线预测集输出值与实际值对比

由图4.19、图4.20可知，左线模型预测右线沉降量及右线模型预测左线沉降量误差均较大，难以满足工程中对地表沉降量的预测需求，其中左线模型预测右线沉降量多处于6~12 mm，对于真实沉降量小于5 mm的右线数据点，左线模型无法很好地预测数据点的沉降，右线模型预测左线沉降量多处于4~10 mm，对于真实沉降量大于 10 mm 的左线数据点，右线模型无法很好地预测数据点的沉降。这主要是因为左线隧道平均沉降量大于右线，且左线隧道沉降波动更大。由于左、右线隧道沉降规律不尽相同，双线隧道之间存在相互作用，同时双线隧道并非平行施工，仅通过单侧隧道数据较难预测邻近隧道沉降，为预测施工过程中双线隧道地表沉降，有必要依据双线隧道的时序性施工过程，进一步对地表沉降展开预测。

4.5　时序性预测方法分析

4.5.1　时序性模型构建

依据现场监测数据可知，左线隧道先行施工，当左线隧道施工至总隧道长度四分之一时，右线隧道开始施工。在隧道掘进中，施工完工区域收集的沉降监测数据一般用于建立地表沉降预测模型，该模型用于预测未施工区域的地表沉降情况。而双线隧道施工时间存在差异，当用于训练预测模型的数据量增加时，包括更多施工时序性影响情况，预测精度应增加。为验证这一假设，分别将左、右线的监测数据四等分，按时间顺序将第一施工区间命名为左 1，其余施工区间命名如图 4.21 所示。依据施工时序性进行工况分析预测。

试验工况设计见表 4.9。依据时序性，将地表沉降监测数据分为 3 种工况，分别将左 1；左 1、左 2、右 1；左 1、左 2、左 3、右 1、右 2 施工区间监测数据作为训练集，预测未施工区域即左、右线隧道施工第 4 区间地表沉降。

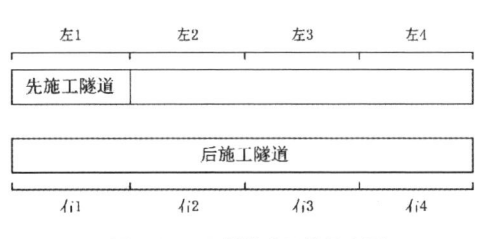

图 4.21　双线隧道开挖示意图

表4.9 工况分布表

工况	训练集	测试集
1	左1	左4、右4
2	左1、左2、右1	左4、右4
3	左1、左2、左3、右1、右2	左4、右4

4.5.2 地表沉降预测结果

随机森林模型的测试集输出值与实际值的对比如图4.22、图4.23所示，其预测模型平均误差如表4.10、表4.11所示。由图4.22（a）可见，当使用左1区间数据

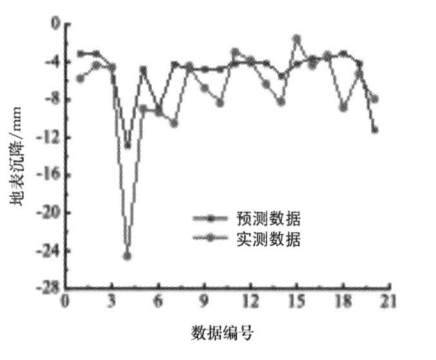

(a)左1模型预测左4沉降

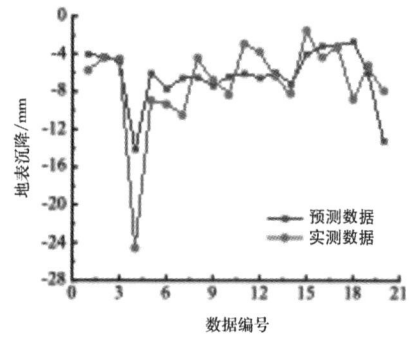

(b)左1、2+右1模型预测左4沉降

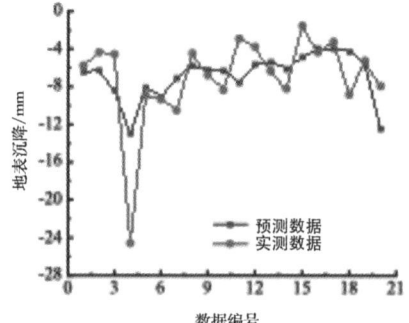

(c)左1、2、3+右1、2模型预测左4沉降

图4.22 不同工况下左4区间的沉降预测

作为训练集时，左 4 区间预测数据大多小于实测数据，且 6~18 号各数据点预测沉降差距较小，不符合实测沉降规律。由图 4.23（a）可见，左 1 模型预测右 4 区间效果不佳，预测沉降曲线近似呈一条直线，无法对地表沉降进行预测，其原因可能是训练集取自左线隧道且数据量较少，无法还原左、右线隧道沉降规律，使其在复杂数据短期预测上误差较大。由图 4.22（b）可见，相较于左 1，当训练集数据区间增加至左 1、左 2、右 1 时，左 4 区间地表沉降预测精度稍有提升，由图 4.23（b）可见，预测模型右 4 区间地表沉降输出值较左 1 更贴近于实测地表沉降平均值。由图 4.22（c）可见，当训练集数据区间增加至左 1、左 2、左 3、右 1、右 2 时，预测左 4 区间结果能够反映实际地表沉降的变化趋势。实际掘进过程中地表沉降一直在波动，预测

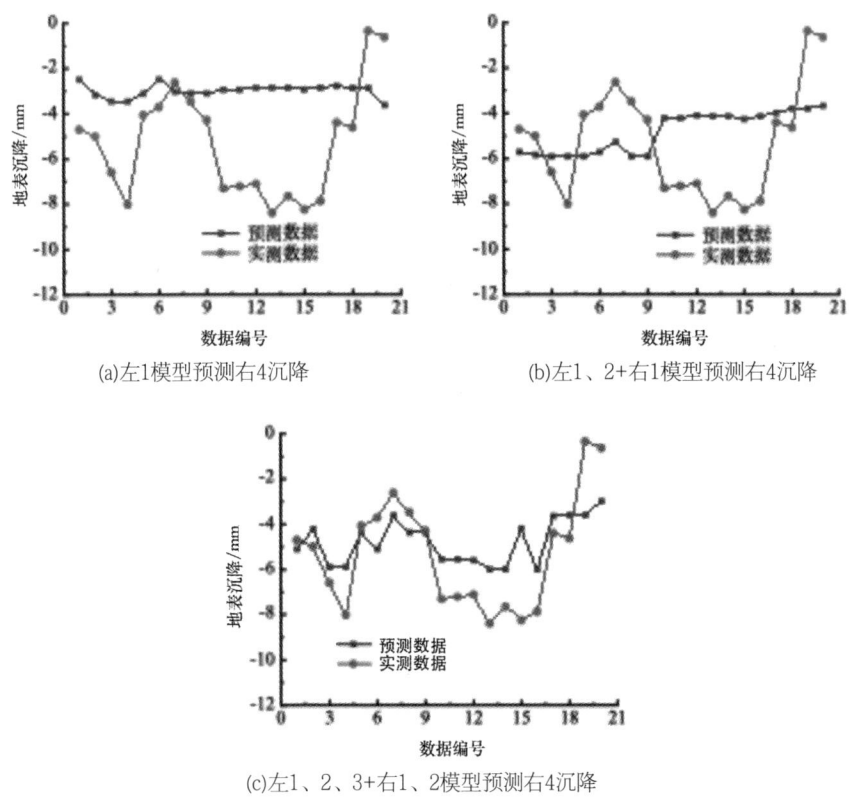

(a)左1模型预测右4沉降　　　　　(b)左1、2+右1模型预测右4沉降

(c)左1、2、3+右1、2模型预测右4沉降

图 4.23　不同工况下右 4 区间的沉降预测

值基本能够维持在实际值的平均值，但实际数据与预测数据仍存在一定差距。其中预测得到的地表沉降与实际地表沉降最大误差出现在 4 号数据点，可能是因为 4 号监测点上方地表建筑对沉降造成影响。另外，地表沉降的现场观测，可能因设备精度、工作人员读数精度等主观原因存在少数异常值，对于预测结果也会产生一定误差。由图 4.23（c）可见，预测模型沉降输出值与实测沉降值误差较小，且整体变化趋势类似。

由表 4.10、表 4.11 可见，当使用左 1 区间数据作为训练集时，预测集中左 4 区间地表沉降的误差值为 0.849，拟合优度为 0.597，右 4 区间地表沉降的误差值为 0.752，拟合优度为 −0.294。当训练集数据区间增加至左 1、左 2、左 3、右 1、右 2 时，预测集中左 4 区间地表沉降的误差值从 0.849 降到了 0.698，拟合优度从 0.597 提升至 0.653，右 4 区间地表沉降的误差值从 0.752 降到了 0.402，拟合优度从 −0.294 提升至 0.496。当模型训练集数据不断增加时，预测模型的误差值不断减小，拟合优度不断上升。由此可知，随着盾构隧道施工进程的不断推进，预测模型得到的左右地表沉降数据量逐渐增加，其准确率也逐渐提高，可基本满足施工要求。

表4.10　不同模型预测左4区间误差对比

工况	Error(x)	R^2
1	0.849	0.597
2	0.796	0.617
3	0.698	0.653

表4.11　不同模型预测右4区间误差对比

工况	Error(x)	R^2
1	0.752	−0.294
2	0.591	−0.134
3	0.402	0.496

4.6　本　章　小　结

本章依托南昌地铁 3 号线盾构施工实际过程，利用 PLAXIS 3D 有限元软件建立了盾构隧道 - 建筑物三维有限元模型，模拟盾构施工过程。基于数值计算探究了盾构隧道邻近建筑物施工时盾尾注浆压力、掌子面压力以及建筑物与隧道间距对地表沉降变形及邻近建筑物的影响规律，进而利用随机森林算法对盾构运行主要施工参数、地层参数与左右线隧道地表沉降的关系进行研究，构建盾构隧道地表沉降预测模型，此外，还开展了单侧隧道的地表沉降预测，并通过预测集与实际数据对比验证了该方法的可行性，进一步分析考虑隧道施工时地表沉降规律，得出以下结论。

（1）双线盾构隧道施工时，邻近建筑物一侧的地表沉降变形较远离建筑物一侧更为显著；地表横向沉降变形与盾尾注浆压力呈负相关，实际施工时可适当增大盾尾注浆压力，可有效减小盾构施工对于地表的扰动。

（2）在盾构施工过程中，先开挖一侧的地表沉降随掌子面压力的增大而增大，而后开挖一侧随着掌子面压力增大而减小，后施工的隧道相较于先施工的隧道可适当增大掌子面压力。

（3）盾构施工对于地表及建筑物影响各因素敏感性大小如下。对于地表横向沉降，各影响因素敏感性由大到小为掌子面压力、盾尾注浆压力、建筑物与隧道间距。对于建筑最大沉降，各影响因素敏感性由大到小为建筑物与隧道间距、盾尾注浆压力、掌子面压力。对于建筑物倾斜，各影响因素敏感性由大到小为建筑物与隧道间距、盾尾注浆压力、掌子面压力。

（4）预测模型利用随机森林算法，选取刀盘转速、推进速度、总推力、刀盘扭矩、上部土压力、注浆量、注浆压力以及地层指标作为输入参数，预测隧道地表沉降，分别揭示了左右线隧道地表沉降与施工参数、地层参数之间的关系，并具有一定精度。

（5）考虑地铁双线隧道施工的先后顺序，从施工完工区域收集的数据用于建立隧道地表沉降预测模型，具有较高精度，利用该模型预测未完工区域的地表沉降情况，对盾构施工中的参数选取有一定的指导作用。

第5章

盾构隧道开挖引起的地表沉降预测及开挖面稳定性分析

盾构法施工中，盾构掘进会对周围土体产生扰动，引起地表沉降，并可能进一步破坏沿线建（构）筑物，且在富水地层环境下盾构开挖面的稳定性对于工程安全而言至关重要。根据南昌市地铁建设规划，在已建成地铁1~4号线的基础上，"十四五"期间还要开工建设 1 号线东延、北延，2 号线东延等项目，并预计至 2035 年，建成地铁线路总计 12 条。因此，为保证盾构隧道掘进安全性，亟须建立一种适合对南昌富水砂土地层的地表沉降进行预测和对盾构隧道开挖面稳定性进行分析的方法。本章得到了适合在南昌富水砂土地层中应用的地表沉降槽宽度取值公式，并通过南昌地铁 3 号线的实测地表沉降数据验证其准确性，然后通过引入最大沉降值修正系数，对经典的 Peck 公式进行修正，使修正后的 Peck 公式能较好地预测南昌富水砂土地层盾构掘进引起的地表沉降；接着分析隧道埋深、土体黏聚力、土体内摩擦角、地下水位高度等因素对盾构隧道开挖面稳定性的影响，在此基础上进一步比较了现有极限支护压力计算方法对于南昌富水砂土地层的适用性，以期相关成果能为富水砂土地层盾构掘进施工提供有效参考。

5.1 工程概况

南昌地铁 3 号线全长 28.5 km，全部采用地下敷设方式，共设 22 座车站；平均站间距为 1.34 km，最大站间距为 1888.17 m，为洪都北大道站—上海北路站区间；最小站间距为 432.6 m，为十字街站—绳金塔站区间。线路的主要走向为迎宾大道→京山北路→十字街→前进路→象山南路→象山北路→叠山路→青山南路→二七北路→青山湖→国威路→火炬大街。

火炬大街站—京东大道站区间线路出火炬大街站后沿火炬大街向东进入京东大道站。站间距 0.87 km，左、右线均为两条分修的单线隧道，线间距 14.0~17.0 m，轨面标高 −4.13~3.14 m，隧道拱顶埋深为 9.0~16.5 m。隧道洞径为 6 m，区间于

YCK47+823.812 处设置一处联络通道兼泵房，轨面埋深 16.5 m。区间设计起点里程为 CK47+473.889，设计终点里程为 CK48+344.789，线路长度约为 870 m。区间正线采用盾构法施工，联络通道（兼泵房）均采用矿山法施工。沿线周边环境主要为居民区、城市道路，道路两边地下管线较为复杂。本区间线路走向及工点地理位置详见图 5.1。其中，火炬大街站—梁万站区间、梁万站—京东大道站区间均采用盾构

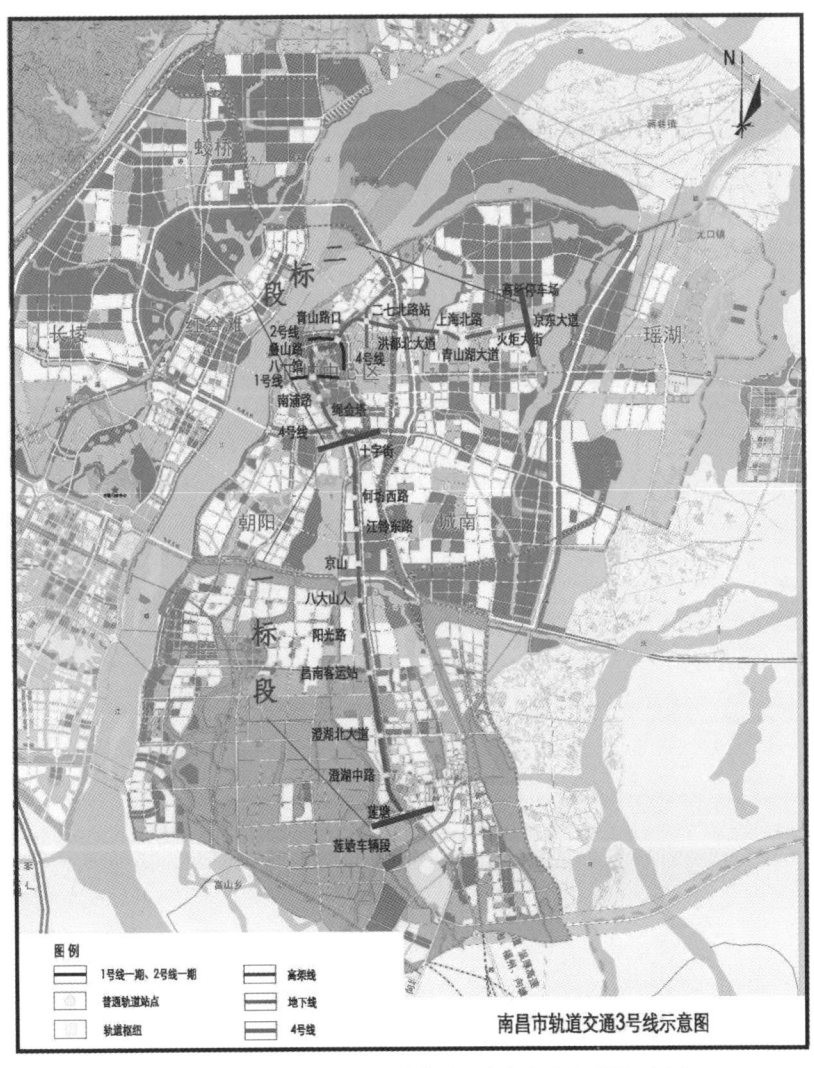

图 5.1　南昌地铁 3 号线火炬大街站—京东大道站区间示意图

法进行施工，刀盘直径为 6.25 m，管片内径 5.4 m、外径 6 m。区间场地内地层从上至下依次为杂填土、粉质黏土、细砂、砾砂、圆砾、强风化泥质粉砂岩，隧道主要穿越细砂、砾砂和圆砾，隧道顶覆土厚度为 9.8~17.6 m。场地内的主要含水层为赋存于砂砾石层中的孔隙潜水，埋深为 7~11 m，丰水期接受赣江水体的侧向补给，地下水位上升，年变幅一般为 1~3 m。区间主要场地土层的物理力学性质如表 5.1 所示。区间地层土体内摩擦角加权平均数 φ=28.66°。

表5.1 主要场地土层物理力学参数

土层	平均厚度/m	密度/（g/cm³）	黏聚力/kPa	内摩擦角/（°）
杂填土	2.25	1.8	10	10
粉质黏土	5.25	1.98	39.5	16
细砂	4.75	1.89	—	30
砾砂	9.25	1.96		35
圆砾	7.1	2.0	—	36
强风化泥质粉砂岩	2.4	2.2	40	25

5.2 地表沉降预测

5.2.1 Peck公式预测分析

经典 Peck 公式的理论基础是，假定地表沉降槽体积等于地层损失体积，即不考虑土体的排水固结和蠕变，得出一系列与地层有关的沉降槽宽度的近似值回归模型。Peck 认为隧道开挖引起的断面沉降曲线近似于正态分布，如图 5.2 所示。

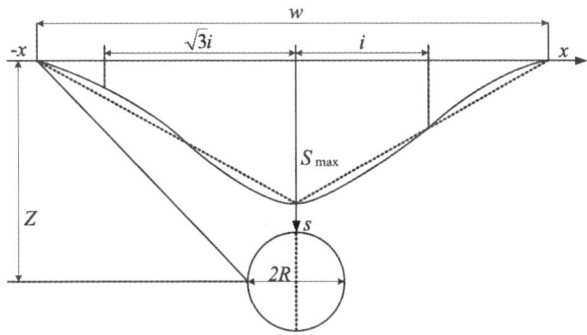

图 5.2　隧道地表横向沉降曲线

基于上述假定，经典 Peck 公式可表示为：

$$S(x)=S_{max}\exp(-\frac{x^2}{2i^2})\qquad(5\text{-}1)$$

$$S_{max}=\frac{V_1}{i\sqrt{2\pi}}\approx\frac{V_1}{2.5i}\qquad(5\text{-}2)$$

$$V_1=V_1\pi R^2\qquad(5\text{-}3)$$

式中：$S(x)$ 为距离隧道中心线 x 位置的地表沉降值；S_{max} 为隧道中心线上方地表沉降值；i 为地表沉降槽宽度；V_1 为隧道施工引起的单位长度的地层损失量；V_1 为地层损失率；R 为盾构的半径。

地表沉降槽宽度的影响因素主要和隧道埋深、隧道半径以及上覆土层性质（土体内摩擦角）有关。现在使用较多的是刘建航公式：

$$i=\frac{Z}{\sqrt{2\pi}\tan(45°-\frac{\varphi}{2})}\qquad(5\text{-}4)$$

式中：Z 为隧道中心轴线处埋深；φ 为土体内摩擦角。

但是，从式（5-4）可以看出，其所确定的沉降槽宽度 i 仅与隧道埋深 Z 及土体内摩擦角 φ 有关，并且随着 φ 的增大，沉降槽宽度 i 也增大，这与实际情况是不符合的。对此提出了一种综合考虑隧道埋深、隧道半径、上覆土层性质三种因素的 i 值确定办法：

$$i=m[R+Z\tan(45°-\frac{\varphi}{2})]+n=mH+n \qquad （5-5）$$

式中：m、n 为拟合参数；R 为隧道半径；Z 为隧道中心轴线处埋深；φ 为土体的内摩擦角，对于非均质土体，φ 采用各土层的加权平均内摩擦角来计算。

为进一步得出适合南昌富水砂土地层的地表沉降槽宽度 i 的取值公式，选取了 19 条土体内摩擦角平均数 φ 为 20°~30° 的地铁线路的实测沉降数据，反演出了各自的 i 值及 H 值，并通过线性拟合得到 m、n 的取值。

如图 5.3 所示，得到南昌富水砂土地层地表沉降槽宽度 i 的取值公式为：

$$i=0.42471[R+Z\tan(45°-\frac{\varphi}{2})]+0.80851 \qquad （5-6）$$

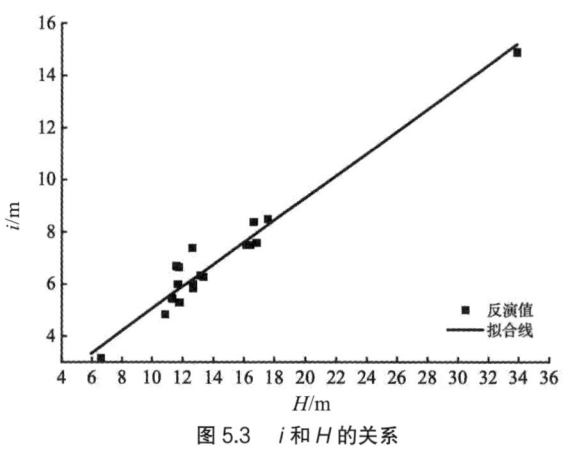

图 5.3　i 和 H 的关系

将本章分析区间的隧道半径 R=3.1 m、隧道中心轴线处埋深 Z=14.1 m、土体的内摩擦角加权平均数 φ=28.66° 代入式（5-6）得到南昌富水砂土地层地表沉降槽宽度 i=5.677 m。

地层损失率的取值依赖地方经验，根据已建成工程的实测沉降数据，利用 Peck 公式进行逆运算，得到地层损失率取值是应用最多的方法。

联立式 (5-1)~ 式 (5-3)，可得：

$$V_{\mathrm{i}} = \frac{S_{\max} i \sqrt{2\pi}}{\pi R^2}$$

（5-7）

根据上述得到的地表沉降槽宽度取值公式和南昌地铁 3 号线 08 段的实测地表沉降数据，通过 Peck 公式的逆运算，可得各监测断面处的地层损失率，并将各监测断面处的地层损失率统计于图 5.4。如图 5.4 所示，南昌富水砂土地区的地层损失率在 0.2%~0.6% 的概率为 72%。本文取地层损失率平均值 V_{i}=0.532%，作为南昌富水砂土地区的地层损失率。

为判断 Peck 公式能否直接用于预测南昌地区富水砂土地层盾构施工引起的地表沉降，选取了 3 个断面的实测沉降数据进行分析。以上三个断面均位于典型的富水砂土地层，具有较强的代表性。将实测数据与 Peck 公式预测曲线进行绘图比较，如图 5.5 所示。从图中可以看出：Peck 预测曲线对监测断面 2 的预测情况较好，但断面 3 实测的最大沉降值为 16.64 mm，与 Peck 公式预测的最大沉降值 11.28 mm 的误差达到了 47.5%。因此需要对 Peck 公式进行修正，使其更好地满足南昌地区富水砂土地层中盾构施工引起地表沉降的预测需求。

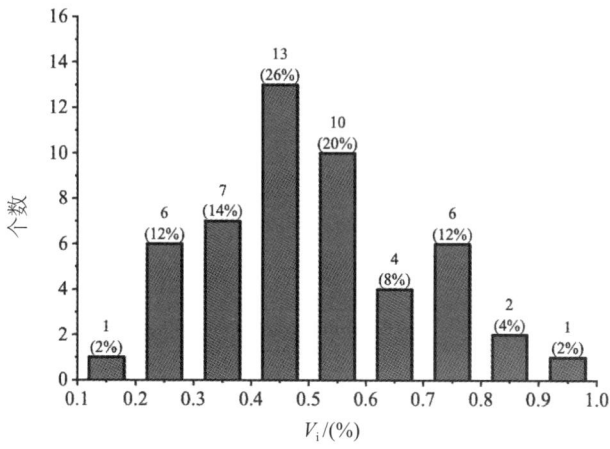

图 5.4　地层损失率统计分布

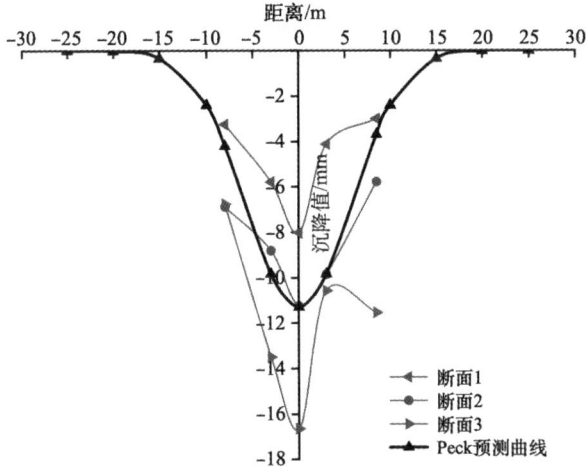

图 5.5　各断面拟合结果与 Peck 公式预测结果对比

5.2.2　回归分析

线性回归是一种将一个或多个自变量和因变量按已知函数的形式建立关系的方法，采用线性回归中的最小二乘法对 Peck 公式进行拟合和修正，对式 (5-1) 两边同时取对数，得：

$$\ln S(x)=\ln S_{\max}+\frac{1}{i^2}\left(-\frac{x^2}{2}\right)\qquad(5\text{-}8)$$

以 $\ln S(x)$ 和 $-x^2/2$ 为回归变量进行求解，令 $\ln S(x)$ 为回归后的常数项，$-x^2/2$ 为回归后的线性系数，则：

$$S_{xx}=\sum\left(\frac{-x_i^2}{2}\right)-\frac{1}{n}\left(\sum\frac{x_i^2}{2}\right)^2\qquad(5\text{-}9)$$

$$S_{xy}=\sum\left[\left(\frac{-x_i^2}{2}\right)^2\ln S(x_i)\right]-\frac{1}{n}\sum\left(\frac{-x_i^2}{2}\right)\sum\ln S(x_i)\qquad(5\text{-}10)$$

$$S_{yy}=\sum\ln^2 S(x_i)-\frac{1}{n}\left[\sum\ln S(x_i)\right]^2\qquad(5\text{-}11)$$

式中：S_{xx} 为 $-x^2/2$ 的离差平方和；S_{xy} 为 $\ln S(x)$ 和 $-x^2/2$ 的离差和积；S_{yy} 为 $\ln S(x)$

的离差平方和；n 为样本点个数。令：$\hat{b}=S_{xy}/S_{xx}$；$\hat{a}=\overline{\ln S(x)}-\hat{b}(\overline{-x^2/2})$，则回归后的方程为：

$$\ln S(x)=\hat{a}+\hat{b}(-\frac{x_i^2}{2}) \qquad (5\text{-}12)$$

式中：$\hat{a}$ 为回归方程中的常数项；$\hat{b}$ 为回归后的线性系数；x_i 为第 i 个沉降监测点位到隧道中心线的距离。

由此可得：

$$S_{\max}=\exp(\hat{a})$$

$$i=\frac{1}{\hat{b}^{0.5}} \qquad (5\text{-}13)$$

Peck 公式回归曲线：

$$S(x)=\exp(\hat{a})\exp(-\frac{\hat{b}x^2}{2}) \qquad (5\text{-}14)$$

回归曲线的线性相关性用 R 来表示：

$$R=\frac{S_{xy}}{\sqrt{S_{xx}}\sqrt{S_{xy}}} \qquad (5\text{-}15)$$

根据数理统计的知识，当 $R \geqslant r_{0.01}(n-2)$ 时，认为回归后的 Peck 公式线性关系高度显著；当 $r_{0.05}(n-2)<R<r_{0.01}(n-2)$ 时，认为回归后的 Peck 公式线性关系显著。

将 3 个断面的实测数据，按回归分析的方法进行线性拟合。实测沉降数据拟合结果如表 5.2~ 表 5.4 所示。

表5.2   断面1实测数据回归分析

样本点	x/m	$S(x)$/mm	$-x^2/2$	$\ln S(x)$
1	−8	3.24	−32	1.18
2	−3	5.79	−4.5	1.76
3	0	8.01	0	2.08
4	3	4.11	−4.5	1.41
5	8.5	2.99	−36.125	1.1

表5.3　断面2实测数据回归分析

样本点	x/m	$S(x)$/mm	$-x^2/2$	$\ln S(x)$
1	−8	6.88	−32	1.93
2	−3	8.8	−4.5	2.17
3	0	11.25	0	2.42
4	3	9.84	−4.5	2.29
5	8.5	5.78	−36.125	1.75

表5.4　断面3实测数据回归分析

样本点	x/m	$S(x)$/mm	$-x^2/2$	$\ln S(x)$
1	−8	6.76	−32	1.91
2	−3	13.49	−4.5	2.6
3	0	16.64	0	2.81
4	3	10.57	−4.5	2.36
5	8.5	11.54	−36.125	2.45

由表 5.5 可得断面 1、断面 2、断面 3 回归后的线性函数依次为：

$$\ln S(x)=1.824835+0.02067(-\frac{x^2}{2}) \tag{5-16}$$

$$\ln S(x)=2.345222+0.01512(-\frac{x^2}{2}) \tag{5-17}$$

$$\ln S(x)=2.624182+0.01248(-\frac{x^2}{2}) \tag{5-18}$$

表5.5　各断面 $\hat{a}$、$\hat{b}$ 值

断面	S_{xx}	S_{xy}	S_{yy}	$\hat{a}$	$\hat{b}$
1	1179.8625	24.38775	0.67432	1.824835	0.02067
2	1179.8625	17.83725	0.29408	2.345222	0.01512
3	1179.8625	15.159	0.44892	2.624182	0.012848

将 3 个断面的实测沉降曲线同拟合后的曲线绘于图 5.6，可以看出：实测的地表沉降曲线与拟合后的地表沉降曲线的误差在 2 mm 以内，具有较好的一致性。这说明了线性回归方法在预测南昌富水砂土地层中盾构施工引起的地表沉降的合理性。

从图 5.6 中可以看出各断面拟合后的地表沉降范围在 25 m 左右，这与地表沉降槽宽度采用式 (5-6) 计算得出的 Peck 预测曲线的地表沉降范围一致，说明了本书拟合出的地表沉降槽宽度取值公式的合理性。

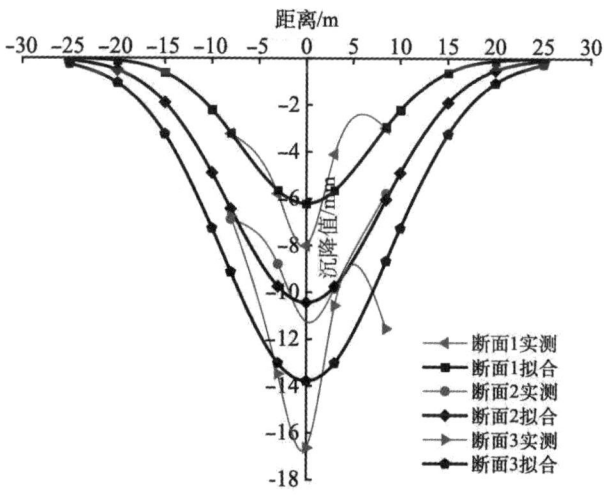

图 5.6　实测数据与拟合结果对比

5.2.3　Peck 经验公式修正与适用性分析

根据前文分析可知，以 V_l=0.532%、i=5.677 m 为预测参数的 Peck 公式并不能很好地预测在南昌富水砂土地层中施工引起的地表沉降规律，需要运用回归分析的方法对 Peck 公式进行修正，修正公式为：

$$S(x)=\alpha S_{max}\exp(\frac{-x^2}{2i^2})\qquad(5\text{-}19)$$

式中：α 为地表最大沉降值修正系数。

对式 (5-19) 进行线性转换，两边同时取对数，可得：

$$\ln S(x)=\ln \alpha S_{\max}+\left(\frac{-x^2}{2i^2}\right) \tag{5-20}$$

由式 (5-12) 和式 (5-20) 可得修正系数：

$$\alpha=\frac{\exp(\hat{a})}{S_{\max}} \tag{5-21}$$

单一的 3 组实测数据得到的修正系数具有很大的偶然性，为提高修正系数的准确性，选取南昌地铁 3 号线的 56 组实测地表沉降数据，经过对实测数据的回归分析计算出各自的 $\hat{a}$ 值，统计结果如图 5.7 所示。

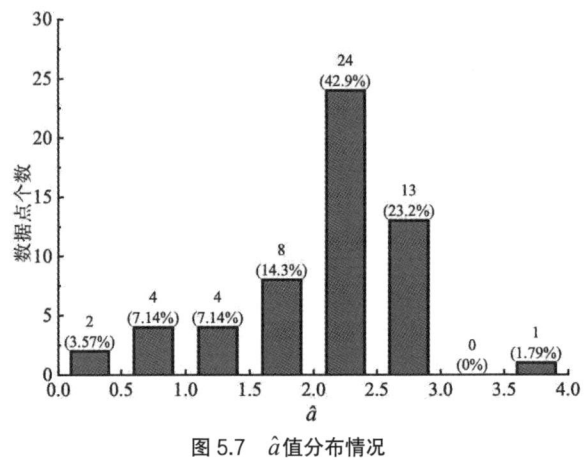

图 5.7　$\hat{a}$ 值分布情况

事实上，$\hat{a}$ 的取值主要分布在 1.5~3.2，占全部统计结果的 80.4%。将 $\hat{a}$ 的取值代入式 (5-21)，可得修正系数 α 的取值范围为 0.397~1.78。对修正后的 Peck 公式，取 α=0.397 为修正上限值；取 α=1.78 为修正下限值。将上限值、下限值、实测数据进行比较，如图 5.8 所示：实测地表沉降曲线均在修正后的 Peck 公式预测曲线范围内。因此可认为，修正系数的取值范围是合理的，修正后的 Peck 公式可以较好地预测在南昌富水砂土地层中由盾构法施工引起的地表沉降。

南昌地铁 3 号线 08 合同段区间，隧道顶上覆土深度为 9.8~17.6 m，地下水位埋

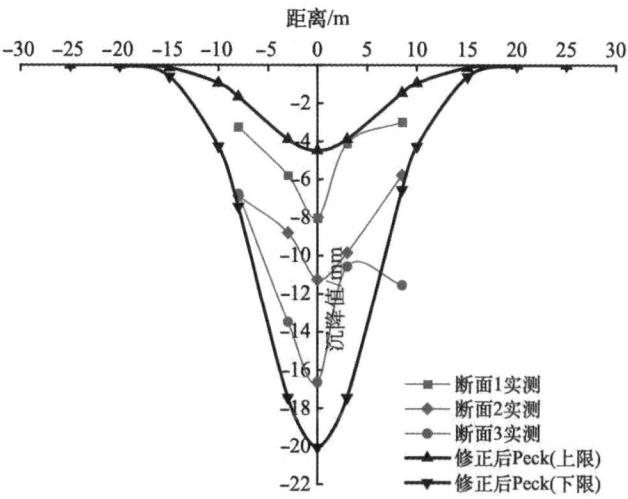

图 5.8　修正后的 Peck 公式与实测及拟合数据对比

深为 7~11 m。此工程盾构埋深和地下水位变化大，为进一步明确修正后的 Peck 公式的适用条件，需要讨论不同地下水位和埋深处的适用情况。由于监测时间处在 5—6 月，属于南昌的丰水期，监测区间的地下水位变化不大，因此本节仅讨论修正后的 Peck 公式在不同埋深中的适用性。

选取了该区间埋深为 12 m（断面 4）、13.5 m（断面 5）、16 m（断面 6）处的实测沉降数据（表 5.6），并将其与修正后的 Peck 公式进行对比分析。从图 5.9 中可以看出：不同埋深处的地表实测沉降曲线都位于修正后的 Peck 公式预测曲线范围内，说明修正后的 Peck 公式在不同埋深工程中的预测结果也是较为可靠的。

表5.6　不同埋深断面的地表沉降值　　　（单位：mm）

x/m	−8	−3	0	3	8.5
断面4	−5.35	−8.8	−10.2	−9.88	−4.94
断面5	−4.27	−9.18	12.89	−8.34	−3.33
断面6	−6.73	12.39	19.12	11.44	−5.76

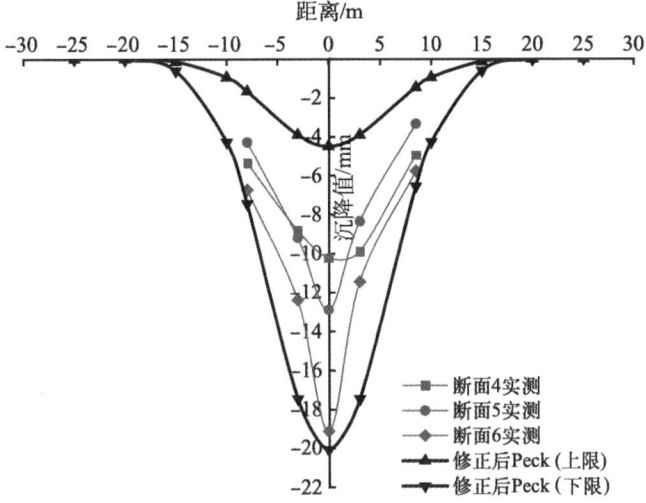

图 5.9　不同埋深断面与修正后的 Peck 公式对比

5.3　盾构隧道开挖面稳定性分析

5.3.1　开挖面极限支护压力的确定

为求解盾构隧道开挖面极限支护压力,依据稳定性理论的基本原理,将支护压力变化较小而开挖面位移突变时的支护压力确定为极限支护压力。在有限元数值模拟求解盾构隧道开挖面极限支护压力时,先将开挖面支护压力设定为隧道开挖面中点原始地层静止土压力,然后再逐渐减小支护压力,求出盾构隧道开挖面支护压力与中点位移关系曲线。开挖面中点水平位移会随着支护压力减小而逐渐增大,当支护压力减小到一定值时,开挖面中点水平位移增长速度突然变大,在支护压力微小变化的情况下,开挖面中点水平位移仍然增长迅速,这表明该时的土体已经破坏,其对应的支护压力即为开挖面极限支护压力。

5.3.2　数值模拟方法

1.模型介绍

将求解考虑渗流作用下盾构隧道开挖面极限支护压力视为一个简单二维问题，模型分析简图如图 5.10 所示，其中 C 为覆土深度，D 为盾构隧道直径，H 为地下水位高度，T 为开挖面支护压力。不考虑地表荷载影响，对模型左右两侧施加水平约束，固定底边、隧道上方和下方土体，并在开挖面上作用均布支护压力用以维持开挖面稳定性。因主要研究隧道埋深、土体黏聚力、土体内摩擦角以及地下水位高度对开挖面中点水平位移及极限支护压力的影响，故不考虑其他因素的影响。

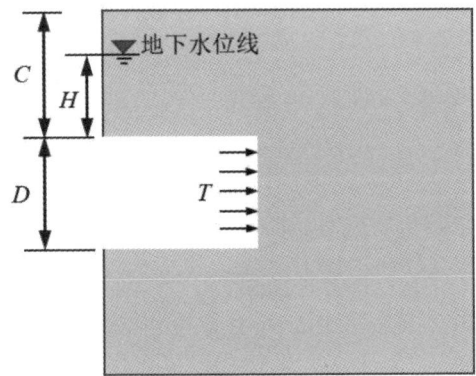

图 5.10　渗流作用下盾构隧道开挖面稳定性分析简图

2.有限元建模方法

采用 ABAQUS 软件建立有限元分析模型。首先采用基于 Mohr-Coulomb 准则的理想弹塑性本构模型分析隧道开挖引起的渗流场分布，得到盾构隧道的渗流场分布，并得到各节点孔隙水压力。然后采用相同网格，将得到的孔隙水压力以初始条件形式施加在各节点上，在模型左右两侧施加水平位移约束，底边、隧道上方和下方土体施加固定约束，最后在开挖面上作用均布支护压力对开挖面稳定性进行数值模拟分析。

5.3.3　算例验证

为验证有限元数值模拟方法准确性，参考王浩然等人的方法，其中覆土深度 C=20 m，土体黏聚力 c=2 kPa，土体内摩擦角 φ=30°，土体弹性模量 E=8 MPa，泊松比为 0.3，土体干重度为 17 kN/m³，饱和重度为 19 kN/m³，渗透系数为 0.3×10⁻⁵ m/s，地表超载为零，在隧道直径 D 为 5m 和 10m 的情况下，分别模拟不同地下水位 H/D=1、H/D=2、H/D=3 时盾构隧道开挖面中心点水平位移和支护压力的关系，如图 5.11 所示，可以看出本书有限元数值模拟结果与王浩然等人的研究结果吻合良好。

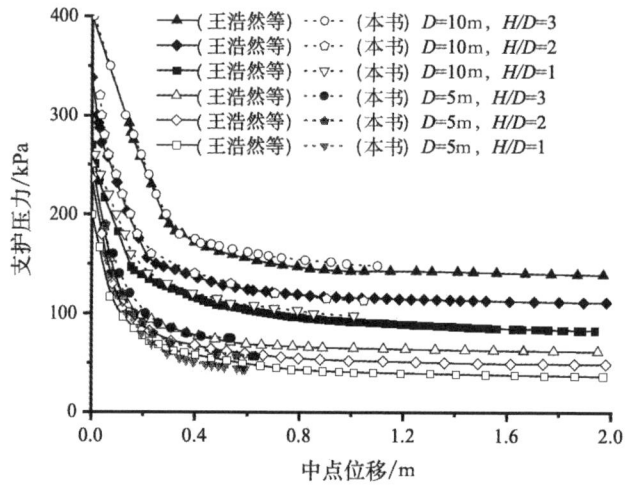

图 5.11　隧道开挖面支护压力与中点位移关系曲线

5.3.4　隧道开挖面稳定性影响因素分析

根据前文所述工程概况，选取多个截面计算其极限支护压力，各截面上覆土层厚度约为 9 m，各截面地层地下水位线分布如图 5.12 所示。

考虑渗流作用下，隧道开挖面中点水平位移及极限支护压力的影响因素较多。由于该工程案例中隧道开挖面地层主要为细砂土层，本节以地层开挖面为细砂土层为例，研究隧道埋深、土体内摩擦角、土体黏聚力以及地下水位高度对隧道开挖面中点水平位移

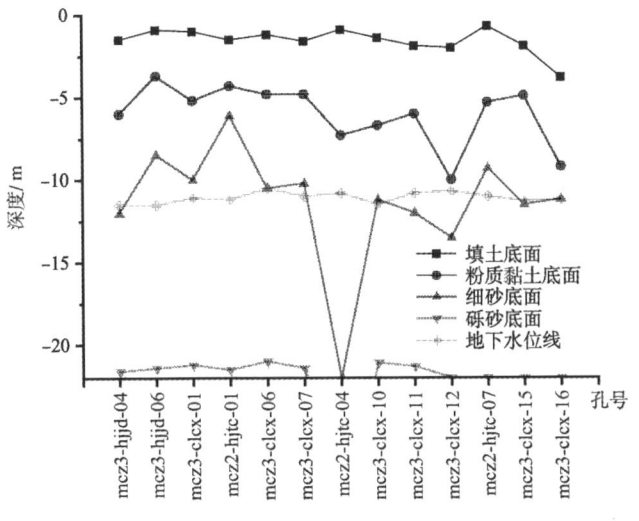

图 5.12　各截面地层地下水位线分布图

和极限支护压力影响效果。为方便计算，对基础模型参数，取盾构隧道直径 D=6m，隧道埋深 C/D=1，土体内摩擦角 φ=30°，土体黏聚力 c=0 kPa，地下水位 H/D=1。

1.隧道埋深

模拟不同隧道埋深情况为 C/D=1、C/D=1.5、C/D=2、C/D=2.5、C/D=3 时，隧道开挖面稳定性与隧道埋深的关系，如图 5.13 所示。

由图 5.13 可知，在开挖面中点水平位移未达到 0.025 m 时，开挖面中点水平位移随支护压力变化缓慢；开挖面中点水平位移达到 0.025 m 之后，开挖面中点水平位移随支护压力变化速率逐渐变大。当隧道埋深情况为 C/D=1、C/D=1.5、C/D=2、C/D=2.5、C/D=3 时，极限支护压力分别为 45.9 kPa、47 kPa、50 kPa、50.2 kPa、55 kPa，可知在相同支护压力下，随隧道埋深增大，隧道开挖面越容易失稳。

2.土体内摩擦角

图 5.14 给出了土体内摩擦角分别为 25°、30°、35°、40° 和 45° 时，土体内摩擦角对隧道开挖面稳定性的影响关系。由图 5.14 可知，当支护压力大于 110 kPa

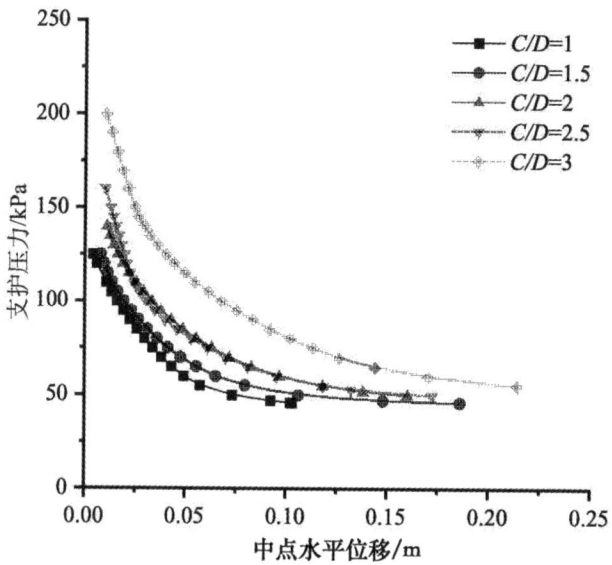

图 5.13　隧道埋深对隧道开挖面稳定性影响

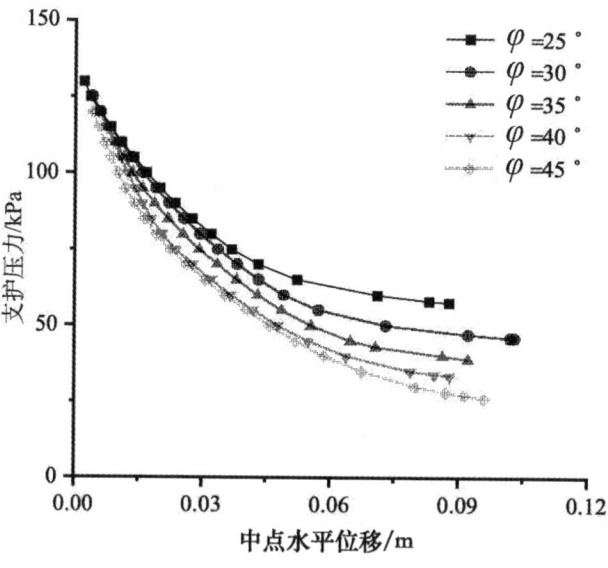

图 5.14　土体内摩擦角对隧道开挖面稳定性影响

时，在不同内摩擦角情况下所对应的隧道开挖面中点水平位移基本相同；支护压力小于 110 kPa 时，开挖面中点水平位移随内摩擦角的减小而增大；且在相同支护压力作用情况下，随着支护压力的逐渐减小，不同内摩擦角对应的开挖面中点水平位移差值逐渐增大。土体内摩擦角分别为 25°、30°、35°、40° 和 45° 时，所对应的极限支护压力分别为 57.5 kPa、45.9 kPa、39 kPa、33.5 kPa、26 kPa，可知开挖面极限支护压力随土体内摩擦角增大而减小。

3.土体黏聚力

图 5.15 为土体黏聚力分别为 0 kPa、5 kPa、10 kPa、15 kPa 和 20 kPa 时，土体黏聚力对隧道开挖面稳定性的影响关系。从图 5.15 可以看出，当支护压力大于 105 kPa 时，在不同黏聚力情况下所对应的隧道开挖面中点水平位移基本相同；支护压力小于 105 kPa 时，开挖面中点水平位移随黏聚力的增大而减小；且在相同支护压力作用情况下，随着支护压力的逐渐减小，不同土体黏聚力对应的开挖面中点水

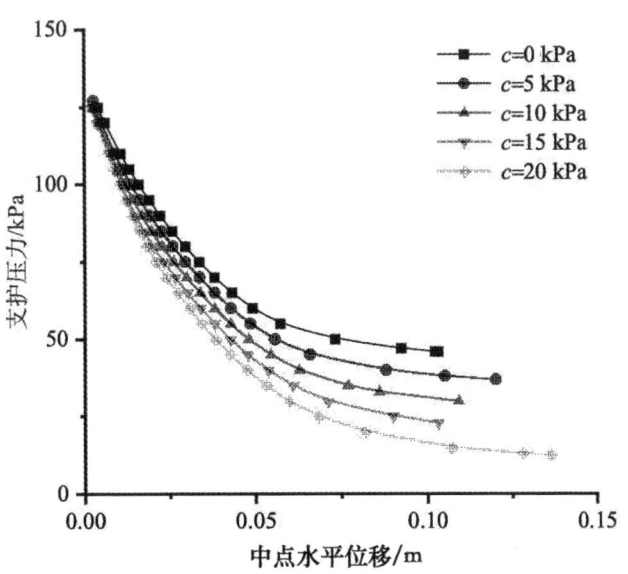

图 5.15　土体黏聚力对隧道开挖面稳定性影响

平位移差值逐渐增大。当土体黏聚力为 0 kPa、5 kPa、10 kPa、15 kPa 和 20 kPa 时，极限支护压力分别为 45.9 kPa、37 kPa、30 kPa、23 kPa、12.5 kPa，可知开挖面极限支护压力随土体黏聚力增大而减小。

4.地下水位高度

为考虑地下水位高度对开挖面稳定性的影响，取上覆土层厚度 $C/D=3$，分别模拟不同水位情况为 $H/D=1$、$H/D=1.5$、$H/D=2$、$H/D=2.5$、$H/D=3$ 时盾构隧道开挖面中点水平位移和支护压力的关系，如图 5.16 所示。

由图 5.16 可知，当支护压力大于 170 kPa 时，在不同地下水位情况下对应的隧道开挖面中点水平位移基本相同；支护压力小于 170 kPa 时，开挖面中点水平位移变化速率随地下水位高度的增大而增大；且在相同支护压力作用情况下，随着支护压力的逐渐减小，不同地下水位对应的开挖面中点水平位移差值逐渐增大。当地下水位情况为 $H/D=1$、$H/D=1.5$、$H/D=2$、$H/D=2.5$、$H/D=3$ 时，开挖面极限支护压力

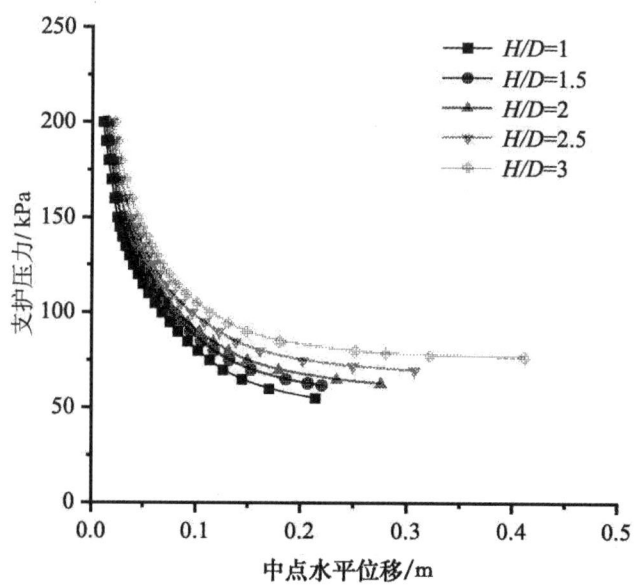

图 5.16　地下水位高度对隧道开挖面稳定性影响

分别为 55 kPa、62 kPa、65 kPa、70 kPa、77 kPa，可知开挖面极限支护压力随地下水位高度增大而增大。

5.3.5　渗流作用对开挖面极限支护压力的影响

图 5.17 为考虑渗流作用和不考虑渗流作用时，火炬大街站—京东大道站区间隧道各截面的开挖面极限支护压力。从图 5.17 可以看出，在考虑渗流情况下，各截面的开挖面极限支护压力要比不考虑渗流情况时大许多，且 mcz3-clcx-12 号截面考虑渗流作用时开挖面极限支护压力比不考虑渗流时大 59 kPa，其余截面处差值均为 5~20 kPa，可知渗流作用对开挖面极限支护压力影响极大。而其中 mcz3-clcx-12 号截面开挖面处土质为粉质黏土、细砂，其他孔号处为细砂、砾砂，由于粉质黏土渗透系数较小，导致该处考虑渗流作用时开挖面极限支护压力较大，与此同时，考虑渗流和不考虑渗流时的开挖面极限支护压力相差较大。

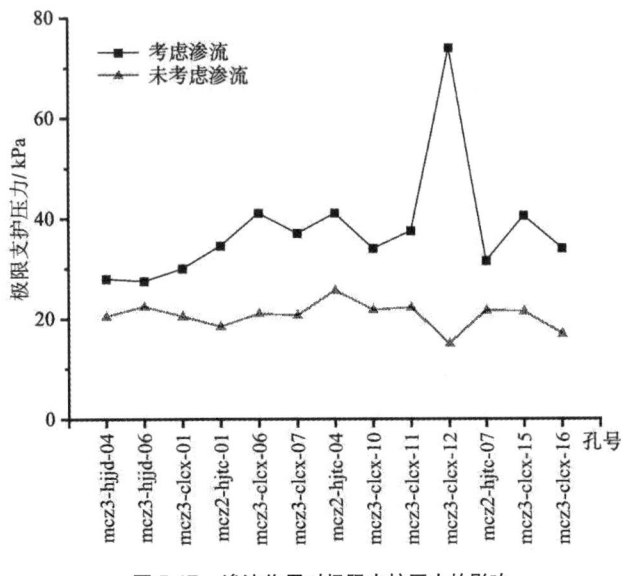

图 5.17　渗流作用对极限支护压力的影响

5.3.6　渗流作用同支护压力作用对地表沉降影响

以火炬大街站—京东大道站区间隧道为例，根据上述有限元数值模拟方法分析开挖面极限支护压力，并提取各截面表面处沉降值数据，分析渗流作用同支护压力作用对地表沉降影响。渗流作用同支护压力作用对 mcz3-hjjd-04 号截面地表沉降量影响如图 5.18 所示。

由图 5.18 可知，对于 mcz3-hjjd-04 号截面，当支护压力大于 60 kPa 时，在考虑渗流作用和未考虑渗流作用情况下，其沉降量都接近于 0；当支护压力小于 60 kPa 时，在相同支护压力作用情况下，考虑渗流作用时的沉降量比未考虑渗流作用时大，且考虑渗流作用时，在其对应的极限支护压力为 28 kPa 作用下，其最大沉降量为15.6 mm，未考虑渗流作用时，在其对应的极限支护压力为 20.5 kPa 作用下的最大沉降量为 13.7 mm。可知支护压力、渗流作用会影响地表沉降，且支护压力越小沉降量越大、渗流作用会加大地表沉降。

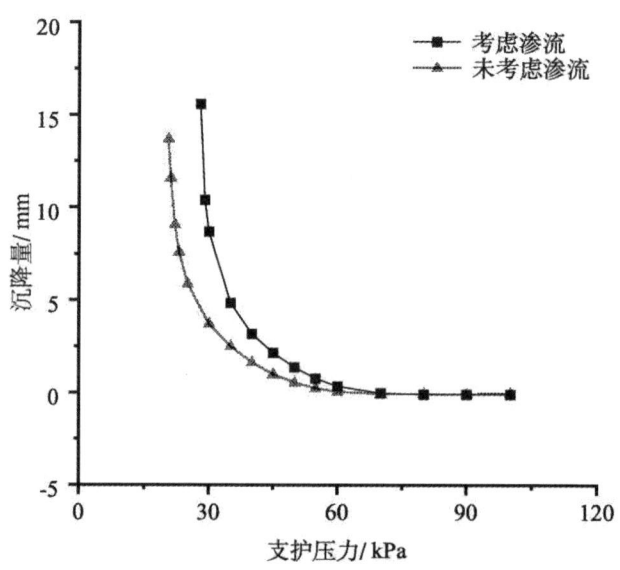

图 5.18　mcz3-hjjd-04 号截面地表沉降量

图 5.19 为在极限支护压力作用下，考虑渗流作用和未考虑渗流作用时高新停车场出入线区间隧道各截面的地表沉降量曲线，该沉降量为理论最大沉降量。由图可知，整段区间在考虑渗流作用和不考虑渗流作用时，最小沉降均发生在 mcz3-hjjd-06 号截面处，最大沉降均发生在 mcz3-clcx-16 号截面处。在未考虑渗流作用时，最小沉降量为 3.33 mm，最大沉降量为 21.8 mm；在考虑渗流作用时，最小沉降量为 4.92 mm，最大沉降量为 18.2 mm；各最大沉降量在 30 mm 以内，符合规定要求。

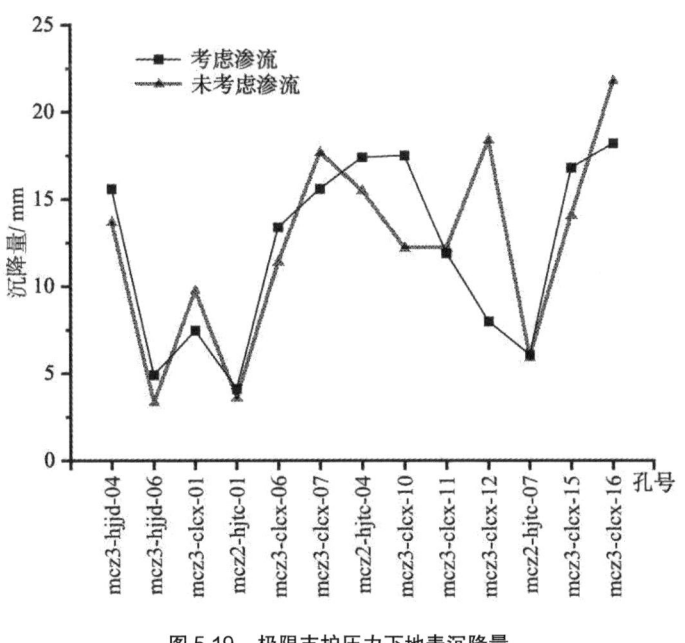

图 5.19   极限支护压力下地表沉降量

5.3.7   开挖面极限支护压力有限元数值解与极限上限法解和极限平衡法解对比

在有限元数值模拟分析中，土体按实际分层情况考虑，而极限上限法与极限平衡法在求开挖面极限支护压力时将开挖面处土体按照加权平均值计算其土体参数。在考虑渗流情况下，得到高新停车场出入线区间隧道各截面开挖面极限支护压力，如图 5.20 所示。

从图 5.20 中可以看出极限上限法和极限平衡法求得的极限支护压力与有限元数值模拟法所求结果趋势大致相同，且极限上限法解和极限平衡法解结果相近，但是极限上限法解和极限平衡法解均小于有限元数值模拟法解，除 mcz3-clcx-12 号截面之外，其余差值范围均为 6.7~12.4 kPa，这是因为通过加权平均得到的土层参数来确定盾构隧道开挖面极限支护压力不能很好反映实际情况。对于本工程案例，极限上限法解和极限平衡法解应用于南昌富水地层环境时可能会低估开挖面支护压力，为施工安全考虑，建议采用有限元分析方法对盾构隧道开挖面极限支护压力进行复核。

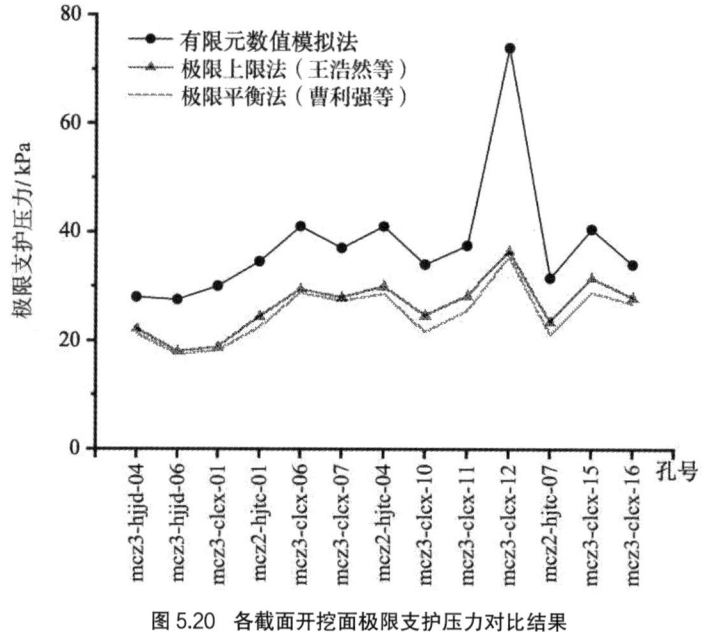

图 5.20 各截面开挖面极限支护压力对比结果

5.4　本 章 小 结

本章依托于南昌地铁 3 号线实测数据，得到了适用于南昌富水砂土地层的地表沉降槽宽度和地层损失率，通过引入最大沉降值修正系数，对经典的 Peck 公式进行修正；然后分析了考虑渗流作用情况下的隧道埋深、土体黏聚力、土体内摩擦角以及地下水位高度对盾构隧道开挖面稳定性影响，以及渗流作用对开挖面极限支护压力和开挖面地表沉降量的影响，并将有限元数值模拟得到的开挖面极限支护压力有限元数值模拟法解与极限上限法解、极限平衡法解进行比较。主要结论如下。

（1）综合考虑隧道埋深、隧道半径以及上覆土层性质（土体内摩擦角）这三种因素的地表沉降槽宽度 i 的取值是更合理的。在南昌富水砂土地层中，地层损失率 V_i 的合理取值范围为 0.2%~0.6%。

（2）在南昌富水砂土地区，以地层损失率 V_i=0.532%、地表沉降槽宽度 i=5.677 m 为预测参数的 Peck 公式中，地表最大沉降值修正系数的取值分布在 0.397~1.78 的范围时，修正后的 Peck 公式可以较好地预测盾构法施工引起的地表沉降。

（3）在地铁隧道埋深变化范围较大的工程中，修正后的 Peck 公式也可以较好地预测由盾构施工引起的地表沉降。

（4）在考虑渗流作用情况下，土体黏聚力 c 和内摩擦角 φ 越小、隧道埋深 C/D 和地下水位 H/D 越大，隧道开挖面越容易失稳。

（5）渗流作用会增大开挖面极限支护压力，支护压力、渗流作用会影响地表沉降，且支护压力越小沉降量越大，渗流作用会加大地表沉降。

（6）对于本工程案例，极限上限法解、极限平衡法解均小于有限元数值模拟法解，其应用于南昌富水地层环境时可能会低估开挖面支护压力。

参 考 文 献

[1] 周翊民. 省级轨道交通责任主体不可或缺[J]. 城市轨道交通研究, 2021, 24(5): 前插 1, 235-236.

[2] 詹涛, 冯玉林, 宋立忠, 等. 考虑扣件失效的地铁列车-轨道动态响应分析[J]. 噪声与振动控制, 2023, 43(4): 170-173.

[3] 王传琦. 成都地铁区间隧道盾构施工引发地表沉降的数值模拟研究[D]. 成都: 西南交通大学, 2008.

[4] 王建秀, 付慧仙, 朱雁飞, 等. 基于地层损失的盾构沉降计算方法研究进展[J]. 地下空间与工程学报, 2010, 6(1): 112-119.

[5] 黄大维, 陈凯, 徐长节, 等. 软硬不均地层盾构机姿态控制试验研究[J]. 岩土工程学报, 2024: 1-10.

[6] 姚元, 陈梦成, 何彬彬, 等. 土压平衡盾构施工引起地面变形研究的评述[J]. 城市轨道交通研究, 2024, 27(1): 73-79.

[7] 赵旭伟, 谈晶, 于清浩. 砂卵石地层盾构推进对地表沉降影响数值分析[J]. 城市轨道交通研究, 2012, 15(4): 33-36.

[8] WU C S, ZHU Z D. Analytical Method for Evaluating the Ground Surface Settlement Caused by Tail Void Grouting Pressure in Shield Tunnel Construction[J]. Advances in Civil Engineering, 2018(5):3729143.

[9] KIM D, PHAM K, PARK S, et al. Determination of Effective Parameters on Surface Settlement During Shield TBM[J]. Geomechanics and Engineering, 2020,21(2): 153-164.

[10] 邱明明, 杨果林, 段君义, 等. 近距双线盾构隧道开挖诱发地层变形演变规律及数值模拟[J]. 自然灾害学报, 2021, 30(1): 60-69.

[11] 石钰锋, 胡梦豪, 周宇航, 等. 不同因素导致的差异沉降对盾构隧道受力特性影响研究[J]. 铁道科学与工程学报, 2024, 21(4): 1521-1532.

[12] 丁春林, 朱世友, 周顺华. 地应力释放对盾构隧道围岩稳定性和地表沉降变形的影响[J]. 岩石力学与工程学报, 2002(11): 1633-1638.

[13] 张顶立, 黄俊. 地铁隧道施工拱顶下沉值的分析与预测[J]. 岩石力学与工程学报, 2005(10): 1703-1707.

[14] 杨兵明. 软土地层盾构隧道长期沉降规律及预测研究[J]. 铁道工程学报, 2015, 32(11): 87-92.

[15] 董昕. 土压平衡盾构施工引起地表横向不均匀沉降的因素分析[D]. 西安: 长安大学, 2016.

[16] 李曙光, 方理刚. 土压平衡盾构法隧道施工中影响地表沉降的因素浅析[J]. 现代隧道技术, 2007(5): 72-76.

[17] COMODROMOS E M, PAPADOPOULOU M C, KONSTANTINIDIS G K. Numerical Assessment of Subsidence and Adjacent Building Movements Induced by TBM-EPB Tunneling[J]. Journal of Geotechnical and Geoenvironmental Engineering, 2014,140(11):4014061.

[18] 雷华阳, 仇王维, 吕乾乾, 等. 盾构施工中注浆因素对地表沉降的影响研究[J]. 地下空间与工程学报, 2015, 11(5): 1303-1309.

[19] 戴志成, 封坤, 徐凯, 等. 土压平衡盾构水下始发段掘进参数对地表沉降的影响分析[J]. 铁道标准设计, 2019, 63(10): 99-105.

[20] PECK R B. Deep Excavations and Tunneling in Soft Ground [C]//7th ICSMFE, 1969,7: 225-290.

[21] 韩煊. 隧道施工引起地层位移及建筑物变形预测的实用方法研究[D]. 西安：西安理工大学, 2007.

[22] 魏纲. 盾构法隧道地面沉降槽宽度系数取值的研究[J]. 工业建筑, 2009, 39(12): 74-79.

[23] 刘建航. 序[C]//中国土木工程学会.地下工程建设与环境和谐发展.上海：同济大学出版社, 2009.

[24] 侯学渊，廖少明. 盾构隧道沉降预估[J]. 地下工程与隧道, 1993(4): 24-32.

[25] 周帅. 成都富水砂卵石地层土压盾构施工引起地层变形规律研究[D]. 北京：中国铁道科学研究院, 2017.

[26] SAGASETA C. Analysis of Undraind Soil Deformation due to Ground Loss[J]. Géotechnique, 1987,37(3):301-320.

[27] VERRUIJT A, BOOKER J R. Surface Settlements due to Deformation of a Tunnel in an Elastic Half Plane[J]. Géotechnique, 1998,46(5): 709-713.

[28] 魏超, 武崇福, 徐双军.考虑刀盘结构形式影响的盾构施工引起的地表沉降分析[J]. 应用力学学报, 2020, 37(6): 2446-2454.

[29] 施建勇, 张静, 佘才高, 等.隧道施工引起土体变形的半解析分析[J]. 河海大学学报(自然科学版), 2002(6): 48-51.

[30] 朱忠隆, 张庆贺, 易宏传.软土隧道纵向地表沉降的随机预测方法[J]. 岩土力学, 2001(1): 56-59.

[31] 施成华, 彭立敏, 刘宝琛.盾构法施工隧道纵向地层移动与变形预计[J]. 岩土工程学报, 2003(5): 585-589.

[32] 黄大维, 姜浩, 罗文俊, 等.考虑纵向残余顶推力的盾构隧道纵向抗弯刚度解析算法[J]. 中国公路学报, 2024, 37(1): 165-174.

[33] 洪源. 盾构法隧道施工地表沉降变形模拟分析[J]. 铁道建筑, 2012(4): 65-67.

[34] CHAKERI H, ÜNVER B. A New Equation for Estimating the Maximum Surface Settlement above Tunnels Excavated in Soft Ground[J]. Environmental Earth Sciences, 2014,71(7): 3195-3210.

[35] FINNO R J, CLOUGH G W. Evaluation of Soil Response to EPB Shield Tunneling[J]. Journal of Geotechnical Engineering, 1985,111(2): 155-173.

[36] 李振, 魏丽敏, 彭富强. 复合地层盾构穿越机场诱发地层沉降计算及控制研究[J]. 铁道科学与工程学报, 2014, 11(5): 131-138.

[37] 刘洪洲, 孙钧. 软土隧道盾构推进中地面沉降影响因素的数值法研究[J]. 现代隧道技术, 2001(6): 24-28.

[38] LIN X T, CHEN R P, WU H N, et al. Three-dimensional Stress-transfer Mechanism and Soil Arching Evolution Induced by Shield Tunneling in Sandy Ground[J]. Tunnelling and Underground Space Technology, 2019,93(11): 103104.

[39] ZAKHEM A M, NAGGAR H E. Effect of the Constitutive Material Model Employed on Predictions of the Behaviour of Earth Pressure Balance (EPB) Shield-Driven Tunnels[J]. Transportation Geotechnics, 2019,21: 100264.

[40] 沈圣, 吴智深, 杨才千, 等. 基于改进共轭梁法的盾构隧道纵向沉降分布监测策略[J]. 土木工程学报, 2013, 46(11): 112-121.

[41] 朱训国, 陈枫, 徐孟林, 等. 大连地铁盾构开挖地层移动规律的模型试验研究[J]. 岩土力学, 2013, 34(S1): 148-154.

[42] FANG Y, HE C, NAZEM A, et al. Surface Settlement Prediction for EPB Shield Tunneling in Sandy Ground[J]. KSCE Journal of Civil Engineering, 2017,21(7):2908-2918.

[43] FANG Y, CHEN Z T, TAO L M, et al. Model Tests on Longitudinal Surface Settlement Caused by Shield Tunnelling in Sandy Soil[J]. Sustainable Cities and Society, 2019,47: 101504.

[44] HU XY, HE C, WALTON G, et al. Laboratory Model Test of EPB Shield Tunneling in a Cobble-Rich Soil[J]. Journal of Geotechnical and Geoenvironmental Engineering, 2020(10): 146.

[45] 黄大维, 刘家璇, 谭满生, 等. 盾构隧道底部注浆抬升模拟试验研究[J]. 岩土力学, 2024, 45(S1): 371-381.

[46] 白永学. 富水砂卵石地层盾构施工诱发地层塌陷机理及对策研究[D].成都：西南交通大学, 2012.

[47] 牟友滔. 土压平衡盾构施工引起的地表沉降非线性预测与控制分析[D]. 长沙：中南大学, 2013.

[48] 郝如江, 季雁鹏, 倪振利. 基于DEACO-WNN的盾构施工地表沉降预测[J]. 铁道工程学报, 2015, 32(1): 12-16.

[49] 杨欢欢, 杨双锁, 罗百胜. 地铁盾构施工地表变形的神经网络预测及应用[J]. 中国科技论文, 2019, 14(6): 625-629.

[50] 胡长明, 张文萃, 梅源, 等. 土压平衡盾构穿越含砂土层地表变形规律与控制技术[J]. 西安建筑科技大学学报(自然科学版), 2013, 45(3): 341-347.

[51] 冯欢欢, 杨书江. 成都地铁4号线砂卵石地层土压平衡盾构施工技术[J]. 隧道建设, 2014, 34(3): 274-279.

[52] 徐前卫, 贺翔, 龚振宇, 等. 砂卵石地层盾构微扰动施工及掘进控制研究[J]. 铁道工程学报, 2020, 37(9): 72-77.

[53] 杨旸, 谭忠盛, 彭斌, 等. 富水圆砾地层土压平衡盾构掘进参数优化研究[J]. 土木工程学报, 2017, 50(S1): 94-98.

[54] 黄正荣, 朱伟, 梁精华, 等. 盾构法隧道开挖面极限支护压力研究[J]. 土木工程学报, 2006(10): 112-116.

[55] 黄大维, 陈后宏, 徐长节, 等. 联络通道施工盾构机接收对已建盾构隧道影响试验研究[J]. 岩土工程学报, 2024, 46(4): 784-793.

[56] 黄正荣, 朱伟, 梁精华, 等. 浅埋砂土中盾构法隧道开挖面极限支护压力及稳定研究[J]. 岩土工程学报, 2006(11): 2005-2009.

[57] DAVIS E H, GUNN M J, MAIR R J, et al. The Stability of Shallow Tunnels and Underground Openings in Cohesive Material[J]. Géotechnique, 1980,30(30):397-416.

[58] 朱伟, 秦建设, 卢廷浩. 砂土中盾构开挖面变形与破坏数值模拟研究[J]. 岩土工程学报, 2005(8): 897-902.

[59] MAIR R J, TAYLOR R N. Bored Tunnelling in the Urban Environment[C]//Fourteenth International Conference on Soil Mechanics & Foundation Engineering.Hamburg, 1997.

[60] BROMS B, BENNERMARK H. Stability of Clay at Vertical Openings[J]. Journal of the Soil Mechanics & Foundations Division, 1967,93(1): 71-94.

[61] LECA E, DORMIEUX L. Upper and Lower Bound Solutions for the Face Stability of Shallow Circular Tunnels in Frictional Material[J]. Géotechnique, 1990,40(4):581-606.

[62] TANG X W, LIU W, ALBERS B, et al. Upper Bound Analysis of Tunnel Face Stability in Layered Soils[J]. Acta Geotechnica, 2014(9): 661-671.

[63] ZHANG C, HAN K, ZHANG D. Face Stability Analysis of Shallow Circular Tunnels in Cohesive–frictional Soils[J]. Tunnelling & Underground Space Technology, 2015,50(8): 345-357.

[64] HAN K, ZHANG C, ZHANG D. Upper-bound Solutions for the Face Stability of a Shield Tunnel in Multilayered Cohesive–Frictional Soils[J]. Computers and Geotechnics, 2016, 79 (10):1-9.

[65] 陈峰, 何平, 颜杜民, 等. 超前支护下隧道掌子面稳定性极限上限分析[J]. 岩土力学, 2019, 40(6): 2154-2162.

[66] 杨峰, 何诗华, 吴遥杰, 等. 非均质黏土地层隧道开挖面稳定运动单元上限有限元分析[J]. 岩土力学, 2020, 41(4): 1412-1419.

[67] MOLLON G, DIAS D, SOUBRA A. Face Stability Analysis of Circular Tunnels Driven by a Pressurized Shield[J]. Journal of Geotechnical and Geoenvironmental Engineering, 2010, 136(1): 215-229.

[68] MOLLON G, DIAS D, SOUBRA A H. Rotational Failure Mechanisms for the Face Stability Analysis of Tunnels Driven by a Pressurized Shield[J]. International Journal for Numerical & Analytical Methods in Geomechanics, 2011,35(12): 1363-1388.

[69] LU X,WANG H, HUANG M. Upper Bound Solution for the Face Stability of Shield Tunnel below the Water Table[J]. Mathematical Problems in Engineering,2014(1): 727964.

[70] CHAMBON P, CORTÉ J R. Shallow Tunnels in Cohesionless Soil: Stability of Tunnel Face[J]. Journal of Geotechnical Engineering, 1994,120(7): 1148-1165.

[71] IDINGER G, AKLIK P, WU W, et al. Centrifuge Model Test on the Face Stability of Shallow Tunnel[J]. Acta Geotechnica, 2011,6(2): 105-117.

[72] CHEN R P, LI J, KONG L G, et al. Experimental Study on Face Instability of Shield Tunnel in Sand[J]. Tunnelling & Underground Space Technology, 2013,33(6): 12-21.

[73] 马忠武, 孙吉主, 刘佳佳. 基于透明土的隧道开挖面稳定性试验研究[J]. 岩土力学, 2020(S2): 1-5.

[74] LIU W, ZHAO Y, SHI P, et al. Face Stability Analysis of Shield-driven Tunnels Shallowly Buried in Dry Sand Using 1-g Large-scale Model Tests[J]. Acta Geotechnica, 2018,13: 693-705.

[75] 李勇军, 张泽坤, 陈睿, 等. 基于Hilbert-Huang变换的越江地铁盾构掘进稳定性表征方法[J]. 土木工程与管理学报, 2021, 38(1): 134-138.

[76] 吴奔, 刘维, 史培新, 等. 盾构隧道掘进面失稳螺旋破坏机制分析[J]. 岩土力学, 2021, 42(3): 767-774.

[77] 黄大维, 李庆, 彩国庆, 等. 盾构隧道开口对其纵向抗弯刚度的影响试验研究[J]. 中国公路学报, 2024, 37 (10): 162-170.

[78] 张云, 殷宗泽, 徐永福. 盾构法隧道引起的地表变形分析[J]. 岩石力学与工程学报, 2002(3): 388-392.

[79] 魏纲, 徐日庆. 软土隧道盾构法施工引起的纵向地面变形预测[J]. 岩土工程学报, 2005(9): 1077-1081.

[80] 孙玉永, 周顺华, 宫全美. 软土地区盾构掘进引起的深层位移场分布规律[J]. 岩石力学与工程学报, 2009, 28(3): 500-506.

[81] 邱明明. 城市地铁隧道盾构施工引起的地层变形预测研究[D]. 南昌: 南昌航空大学, 2013.

[82] 梁荣柱, 夏唐代, 林存刚, 等. 盾构推进引起地表变形及深层土体水平位移分析[J]. 岩石力学与工程学报, 2015, 34(3): 583-593.

[83] 潘茁. 盾构施工全过程引起的土体扰动与分层沉降特性研究[D]. 北京: 中国矿业大学, 2016.

[84] 孙会良, 石杰红. 盾构施工诱发地表沉降变形影响因素研究[J]. 中国安全生产科学技术, 2020, 16(S1): 94-99.

[85] 杨龙, 徐海清, 李长冬, 等. 武汉软土地区盾构施工地面沉降与注浆加固研究[J]. 人民长江, 2021, 52(3): 131-136.

[86] 黄大维, 罗仲睿, 罗文俊, 等. 地层注浆附加土压力形成及影响因素单元体试验研究[J]. 岩石力学与工程学报, 2024, 43(S1): 3520-3529.

[87] 何小林, 王涛. 盾构法隧道施工引起的地面沉降机理与控制[J]. 科技资讯, 2012(17): 71-72.

[88] 林存刚, 张忠苗, 吴世明, 等. 软土地层盾构隧道施工引起的地面隆陷研究[J]. 岩石力学与工程学报, 2011, 30(12): 2583-2592.

[89] 洪开荣. 复杂地质超长深埋隧道TBM全域修建关键技术与装备[Z].

[90] 高少强. 盾构施工过程中地层变形的机理分析及控制措施[J]. 石家庄铁路工程职业技术学院学报, 2004(3): 14-17.

[91] ATTEWELL P B, WOODMAN J P. Predicting the Dynamics of Ground Settlement and Its Derivatives Caused by Tunnelling in Soil[J]. Ground Engineering, 1982,15(8):13-20.

[92] CHI S Y, CHERN J C, LIN C C. Optimized Back-analysis for Tunneling-induced Ground Movement Using Equivalent Ground Loss Model[J]. Tunnelling and Underground Space Technology, 2001,16(3): 159-165.

[93] 王立忠, 吕学金. 复变函数分析盾构隧道施工引起的地基变形[J]. 岩土工程学报, 2007(3): 319-327.

[94] WOOD A M M. The Circular Tunnel in Elastic Ground[J]. Geotechnique, 1975,25(1): 115-127.

[95] CHOU W I, BOBET A. Predictions of ground deformations in shallow tunnels in clay [J]. Tunnelling and Underground Space Technology, 2002,17(1): 3-19.

[96] PARK K H. Elastic Solution for Tunneling-Induced Ground Movements in Clays[J]. International Journal of Geomechanics, 2004,4(4): 310-318.

[97] 张国祥. 弹塑性随机介质法及其在隧道施工引起的岩层位移及应力分析中的应用 [J]. 岩石力学与工程学报, 2003(4): 596-600.

[98] 阳军生, 刘宝琛. 沉桩引起的邻近地表移动及变形[J]. 工程勘察, 1999(3): 3-5.

[99] YANG J S, LIU B C, WANG M C. Modeling of Tunneling-induced Ground Surface Movements Using Stochastic Medium Theory[J]. Tunnelling and Underground Space Technology, 2004,19(2): 113-123.

[100] 施成华, 彭立敏. 随机介质理论在盾构法隧道纵向地表沉降预测中的应用[J]. 岩土力学, 2004(2): 320-323.

[101] 于宁, 朱合华. 盾构隧道施工地表变形分析与三维有限元模拟[J]. 岩土力学, 2004 (8): 1330-1334.

[102] LEE K M, ROWE R K. An Analysis of Three-dimensional Ground Movements: the Thunder Bay Tunnel[J]. Canadian Geotechnical Journal, 1991,28(1): 25-41.

[103] NOMOTO T, IMAMURA S, HAGIWARA T, et al. Shield Tunnel Construction in Centrifuge[J]. Journal of Geotechnical and Geoenvironmental Engineering, 1999,125(4): 289-300.

[104] MINDLIN R D. Force at a Point in the Interior of a Semi-Infinite Solid[J]. Journal of Applied Physics, 1936,7(5): 195-202.

[105] 魏纲, 张世民, 齐静静, 等. 盾构隧道施工引起的地面变形计算方法研究[J]. 岩石力学与工程学报, 2006(S1): 3317-3323.

[106] 唐晓武, 朱季, 刘维, 等. 盾构施工过程中的土体变形研究[J]. 岩石力学与工程学报, 2010, 29(2): 417-422.

[107] 黄大维, 李彬鑫, 石钰锋, 等. 地下水位变化对砂土地层地铁隧道沉降影响试验研究[J]. 中国铁道科学, 2024, 45(1): 122-130.

[108] LI X J, LIN X D, ZHU H H, et al. Condition Assessment of Shield Tunnel Using a New Indicator: The Tunnel Serviceability Index[J]. Tunnelling and Underground Space Technology, 2017,67(8):98-106.

[109] HUANG H W, ZHANG Y J, ZHANG D M, et al. Field Data-based Probabilistic Assessment on Degradation of Deformational Performance for Shield Tunnel in Soft Clay[J]. Tunnelling and Underground Space Technology, 2017(67): 107-119.

[110] CHEN X, LI X, ZHU H. Condition Evaluation of Urban Metro Shield Tunnels in Shanghai through Multiple Indicators Multiple Causes Model Combined with Multiple Regression Method[J]. Tunnelling and Underground Space Technology, 2019,85:170-181.

[111] 张成平, 张顶立, 王梦恕, 等. 城市隧道施工诱发的地面塌陷灾变机制及其控制[J]. 岩土力学, 2010, 31(S1): 303-309.

[112] 侯艳娟, 张顶立, 李鹏飞. 北京地铁施工安全事故分析及防治对策[J]. 北京交通大学学报, 2009, 33(3): 52-59.

[113] 黄锋, 刘星辰, 金成昊, 等. 衬砌背后空洞对隧道结构安全影响的模型试验研究[J]. 重庆交通大学学报(自然科学版), 2020, 39(3): 69-77.

[114] 王少宏, 汪龙祥, 王敏, 等. 佛山地铁2号线湾华～登州区间盾构隧道施工监测技术研究[J]. 公路, 2017, 62(3): 273-279.

[115] 黄大维, 姜浩, 封坤, 等. 纵向螺栓预紧力对盾构隧道纵向刚度影响分析[J]. 华中科技大学学报(自然科学版), 2024, 52(9): 110-117.

[116] 宋宜容, 陈广峰, 桂轶雄, 等. 地铁盾构施工中监测技术的研究[J]. 青海大学学报(自然科学版), 2009, 27(1): 20-24.

[117] 孙建超, 刘锦. 某地铁区间盾构隧道施工监测技术[J]. 岩土工程技术, 2016, 30(2): 105-108.

[118] 谢文斌, 黄伟东, 白云. 软土地层盾构隧道施工期监测分析[J]. 地下空间与工程学报, 2015, 11(1): 190-198.

[119] 郭鹏飞, 杨龙才, 于正. 上方开挖卸荷作用下地铁隧道的实测数据分析[J]. 华东交通大学学报, 2017, 34(2): 20-28.

[120] HUANG H W, ZHANG D M. Resilience Analysis of Shield Tunnel Lining under Extreme Surcharge: Characterization and Field Application[J]. Tunnelling and Underground Space Technology, 2016,51:301-312.

[121] BEZUIJEN A, TALMON A M, KAALBERG F J, et al. Field Measurements of Grout Pressures during Tunnelling of the Sophia Rail Tunnel[J]. Soils and Foundations, 2004, 44(1): 39-48.